新訂
預金・為替業務
トレーニングドリル

ビジネス教育出版社●編

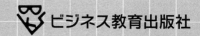
ビジネス教育出版社

Let's Try

テキストをどれだけ理解しているか確認してみよう！

　次の記述のうち、正しいものには〇印を、誤っているものには×印を（　　）の中に記入してください。

■第1章　口座を開く

（　　）1．法律行為を行うために必要な判断能力が備わっていない人を保護する仕組みとして、民法は、一定の条件に当てはまる人を「制限行為能力者」として保護している。

（　　）2．預金取引は、本人名義でしか行うことができない。

（　　）3．銀行員が事務処理を行うにあたって、責任のある仕事をしたといえるためには、判断に困るようなことがあっても、最後まで1人でやり抜くことが大切である。

（　　）4．カウンターに置かれた現金の管理責任は窓口担当者（銀行）にあり、安全確保やトラブル防止の観点から、カウンターに現金が置かれたら、直ちにお客さまの面前で金額を確認して安全なところへ移す。

（　　）5．伝票は、経理上の記録書類であり、取引の証拠書類でもある重要な書類である。

（　　）6．通帳や証書は、お客さまの預金債権の価値を示す有価証券であり、お客さまの預金の事実を証明する重要書類である。

（　　）7．預金規定には、「払戻請求書、諸届その他の書類に使用された印影を届出の印鑑と相当の注意をもって照合し、相違ないものと認めて取扱ったうえは、それらの書類につき偽造、変造、その他の事故があれば、そのために生じた損害については、責任を負う」と書かれている。

（　　）8．近所の知り合いが多額の定期預金をしてくれた場合には、自分の家族にもその旨を伝え、家族からもきちんとお礼を言ってもらうことが CS 向上につながる。

（　　）9．総合口座は、個人のお客さま限定商品で、原則として未成年者と取引をすることはできない。

（　　）10．本人確認書類としてマイナンバーカードを提示された場合、カードの裏面をコピーしたり、個人番号をメモする等をして個人番号を取得することは禁じられている。

■第2章　口座をつかう

（　　）11．入金処理における取引内容の確認は、復唱確認をして、通帳と伝票の口座番号や氏名が一致しているか、伝票の金額と現金が一致しているかなどを、はっきりとお客さまに聞こえるような言い方をして確認する。

（　　）12．まとまった金額の支払いの際、何におつかいになるのかお聞きすることは、お客さまのプライバシー侵害となるおそれがあるので控えるべきである。

（　　）13．番号札は、法律的には免責証券の1つとされている。

（　　）14．普通預金のほぼ全額の払戻しや定期預金の中途解約は、事故が多い取引とされているので注意が必要である。

（　　）15．デビットカード機能のついたキャッシュカードを持ったお客さまが、加盟店で現金の支払いの代わりにカードを提示して暗証番号を入力すると、後日、代金が銀行口座から引き落とされる。

■第3章　銀行を便利につかう

（　　）16．営業日の午後3時までの間に依頼が行われた電信扱いの振込は、当日中に入金が完了する。

（　　）17．仕向銀行の振込処理において、振込依頼を電信扱いで受け付けた場合、原則として、被仕向銀行への振込通知の発信は、翌営業日に行う。

（　　）18. 振込は、自動機（ATM）でも行うことができ、一般に窓口で受け付けるよりも振込手数料が安いだけでなく、振込先の名義が自動的に照合チェックされることも便利である。

（　　）19. 振込処理を終えてから、お客さまの依頼により組戻しの手続をとる場合、すでに受取人の口座に入金されているときは、受取人の了承が必要なので、組戻しに応じられない場合があることを、お客さまに事前に説明して了承を得る必要がある。

（　　）20. 振込処理において、訂正は、仕向銀行の発信内容の誤り、またはお客さまの依頼内容に誤りがあり発信した電文の一部を訂正する場合に行う。

（　　）21. 年金は、日本年金機構が、年金受取人の振込先預金口座をもつ銀行に依頼することにより振り込まれ、年金受取人に対しては、日本年金機構から振込通知が送付される。

（　　）22. お客さまから市町村民税、固定資産税、自動車税、国民健康保険料などの納付の依頼を受けた場合であっても、自行内に取りまとめ店となっている店舗がなければ、納付の依頼を受け付けることはできない。

（　　）23. 公共料金の収納事務において、支払期限を過ぎた払込みは受け入れることができない。

（　　）24. 代金取立においては、取立方式にかかわりなく、取立依頼人の預金口座に資金が入金される日や時間は同じである。

（　　）25. 貸金庫取引は、銀行がお客さまに金庫室のキャビネットを有償で貸与し、お客さまは預金通帳や貴金属などの貴重品を保管する付随業務である。

■第4章　お金を有効に管理する

（　　）26. インフレ時には通貨の価値は低くなるので、物価の上昇に応じて価値の上昇が期待される商品を組み込んだ資産運用が必要になってくる。

（　　）27. 預貯金の利息は、1年間の所得金額を他の所得と分離して所得税を計算する申告分離課税となっている。

（　　）28．特別マル優で非課税の対象となるのは、国債および地方債の額面と、マル優の非課税制度を利用している預金の元本の合計額が 350 万円までの利子である。

（　　）29．銀行は、業務や財産の状況に関する事項を記載したディスクロージャー誌を作成し、お客さまが見られるようにしておくことを銀行法で求められている。

（　　）30．預金保険制度とは、金融機関が万一破綻しても、預金者の預金を全額保護する制度である。

■第 5 章　お金をためる・ふやす

（　　）31．金融商品の選択にあたっては、一般的に、金利のピーク期には、高い金利を長期に固定できるように長期の固定金利商品を選ぶ。

（　　）32．期日指定定期預金は、1 年の据置期間を経過すれば、自由に満期日の指定ができる定期預金であり、個人でも法人でも利用することができる。

（　　）33．一般財形預金と財形年金預金、財形住宅預金は、合わせて 550 万円まで利息に税金がかからない。

（　　）34．債券は、国、地方公共団体、企業、または外国の政府や企業などが一時的に、広く一般の投資家からまとまった資金を調達することを目的として発行する有価証券である。

（　　）35．はじめて国債を購入する場合は、購入する金融機関で国債の取引をするための口座を開設してもらう必要があり、口座開設時には、運転免許証などの本人確認書類、印鑑等が必要である。

（　　）36．投資信託は株式や債券、不動産などで投資・運用する商品で、運用がうまくいかないと投資した額を下回って元本割れすることがあるが、公社債で投資・運用する商品の場合、運用がうまくいかなかったとしても元本が保証されることもある。

（　　）37．投資信託の解約請求もしくは買取請求手続をすると、原則として、換金の申し出の翌営業日以降に売却代金を受け取ることができる。

（　　）38. 金融商品取引法では、金融商品の販売に関して、損失補てんを実行することは禁止されているが、損失補てんの約束をしても実行しなければ禁止の対象とはならない。

（　　）39. 預金取引は、金融サービスの提供に関する法律（金融サービス提供法）の対象外取引とされている。

（　　）40. 消費者契約法は、契約を取り消す権利の行使期間について、①追認できる時から1年間、または、②契約締結時から5年という期間制限を定めている。

■第6章　将来にそなえる

（　　）41. 定期保険は、保険期間は一定で、その間に死亡した場合は死亡保険金を、死亡せずに満期を迎えれば満期保険金を受け取ることができる。

（　　）42. 終身保険は、死亡した場合のみ、死亡保険金を受け取ることができる保険で、保険期間は定期保険と異なり一定ではなく、一生涯死亡保障が続く。

（　　）43. 個人年金保険の確定年金は、生死に関係なく契約時に定めた一定期間、年金を受け取ることができる。

（　　）44. 被保険者とは、保険会社と契約を結び、保険料を支払う人のことである。

（　　）45. 現在、銀行では、すべての保険商品の窓口販売が認められている。

■第7章　手形・小切手をつかう

（　　）46. 銀行はお客さまと支払委託契約を結んでいるので、お客さまが約束手形や小切手を振り出したものの、その支払資金を準備できておらず、支払呈示された手形・小切手の金額が当座勘定残高を超える場合、銀行は支払資金を超えて支払わなければならない。

（　　）47. 不渡りは、6カ月間に2回以上起こすと、電子交換所の取引停止処分を受ける。

（　　）48．約束手形は、振出日より将来の日付である支払期日になったら代金を支払うという、代金の延べ払いができるもので、譲渡をするときには裏書をする。

（　　）49．約束手形の手形金額を誤記した場合は、誤記した金額を二重線で消したうえで訂正印を押し、正しい金額を記載する。

（　　）50．小切手には、振出人が支払人（銀行）に宛てて一定の金額を支払うべき単純な委託（依頼）をするという文句が記載されている。

（　　）51．小切手は持参人に支払う場合が多く、盗難や紛失の際に正当な権利者以外に支払いがなされてしまう可能性があるので、それを防止するために線引小切手ができた。

（　　）52．小切手に平行線が引かれたものを一般線引小切手といい、支払銀行は自行の取引先か他金融機関にだけ支払いができるが、線引を抹消して訂正印を押したものは、誰に対しても支払いができる。

（　　）53．支払いのための呈示は、手形の場合、支払期日の前日から翌日まで（支払期日を含めて3日間）のうちに行わなければならない。

（　　）54．電子交換所に持ち出した手形と持ち帰った手形の差額（交換尻）は、日本銀行当座勘定において毎営業日の午後3時に決済される。

（　　）55．0号不渡事由の場合は、資金不足ではないので、手形金額と同額の金額を、支払銀行を通じて電子交換所に提供すれば、不渡処分は猶予されることになっている。

■第8章　各種手続を行う

（　　）56．結婚で名義変更した場合には、キャッシュカードを使うことができなくなるので、再発行手続をとってもらう必要がある。

（　　）57．お客さまから電話でキャッシュカード等を喪失したという連絡があった場合には、迅速な対応を心がけるとともに、手に負えそうもないときには先輩や上司に相談する。

（　　）58．相続人が配偶者と兄弟姉妹である場合の法定相続分は、配偶者が3分
　　　　　の2、兄弟姉妹（2人以上のときは全員で）3分の1である。

（　　）59．相続手続は、必ず、相続人が誰であるかを確認するための住民票、相
　　　　　続人の実印による相続書類と実印の確認をするための印鑑登録証明書の
　　　　　提出を受けて行う。

（　　）60．被相続人の残高証明書の発行依頼については、相続財産の権利者であ
　　　　　る相続人からの申し出の場合に限って応じる。

Challenge

大切なことを、書いて身につける応用問題です。

問題1 次の文章や表の（　　）の中に入る最も適切な語句を解答欄に記入してください。なお、同一の問題で同じ番号には同じ語句が入ります。

1．犯罪収益移転防止法では、預金口座の開設や（　①　）を超える大口の現金取引、（　②　）を超える現金振込などの取引時に取引時確認を求めている。店頭で取引時確認を行う際には、本人確認書類の（　③　）の提示を求めており、書類によっては、あわせて他の本人確認書類や補完書類の提示（送付）を受ける。本人確認書類は、有効期限のあるものは有効期限内、有効期限のないものは提示や送付を受ける日の前（　④　）以内に作成されたものに限る。なお、法人取引の場合には、法人の取引時確認とともに、取引担当者・（　⑤　）の本人特定事項の確認が必要となる。

【解答欄】

①............................　②............................　③............................

④............................　⑤............................

2．入金処理にあたっては、（　①　）確認をして、通帳と伝票の（　②　）や氏名が一致しているか、伝票の金額と（　③　）が一致しているかなどを確認する。ただし、特に金額は他のお客さまに聞こえないように配慮する必要がある。また、現金は、（　④　）の原則にのっとり、お客さまの面前で（　⑤　）をして確認する。

【解答欄】

①................................　②................................　③................................

④................................　⑤................................

3．振込とは、送金方法の１つで、お客さまの依頼を受けて、受取人の口座のある銀行に宛ててお金を送ることをいう。依頼人からの委託により送金を行う銀行を（　①　）、送金を受ける銀行を（　②　）という。振込の依頼を受けた（①）は、振込代金受領後、振込依頼人に（　③　）を交付する。また、普通預金口座から定期預金口座に資金を移す場合など、同一銀行・同一支店内の同一名義預金口座間で資金を移し換える取引は（　④　）といい、手数料は（　⑤　）という銀行が一般的である。

【解答欄】

①................................　②................................　③................................

④................................　⑤................................

4．預金の利息は1年を365日とする日割計算で算出され、日数は預入日だけを数える（　①　）で計算する。マル優を使っていなければ、利息から国税（所得税・復興特別所得税）：（　②　）％、地方税（住民税）：（　③　）％が合わせて（　④　）される。また、利息のつき方には、単利と複利があるが、当初預け入れた元本に対してのみ利息が計算されるのは（　⑤　）である。

【解答欄】

①..　②..　③..

④..　⑤..

5．金融商品取引法では、金融商品の販売・勧誘ルールとして、契約締結前、契約締結時等の（　①　）義務とともに、（　②　）の提供等、損失補てんを禁止している。また、お客さまの「知識」「経験」「（　③　）」「投資目的」に照らして、不適当な勧誘をして（　④　）に欠けることのないようにしなければならないという（　⑤　）の原則を定めている。

【解答欄】

①..　②..　③..

④..　⑤..

6．個人年金保険は、将来の年金受取りと、（　①　）（運用）、（　②　）の機能を
あわせ持つ商品である。基本は、老後の（　③　）にそなえるもので、あらかじ
め定められた年齢から年金を受け取ることができる。万一、年金の（　④　）前
に被保険者が亡くなった場合には、遺族に（　⑤　）が支払われる。

【解答欄】

①……………………………　②……………………………　③……………………………

④……………………………　⑤……………………………

7．資金不足などで支払いに応じられない手形や小切手は（　①　）といい、持出
銀行経由で支払呈示した受取人や持参人へ、原則的に、（　②　）という方法で返
却する。資金不足などの理由で、（　③　）間に2回以上の不渡りが出ると、電子
交換所の（　④　）を受け、（　⑤　）間は当座勘定取引と貸出取引をすることが
できない。

【解答欄】

①……………………………　②……………………………　③……………………………

④……………………………　⑤……………………………

8．相続財産となる預金の払戻しにあたって、まだ誰がどの財産を相続するか決ま
っていない場合、銀行は、権利者である相続人（　①　）に対して払戻しをする。
また、相続人（①）で話し合って相続財産の分け方をまとめた（　②　）の中で、
銀行の口座（財産）の相続人が特定されている場合や、亡くなったお客さまが
（　③　）を遺しており、相続人など関係者がそのとおりに相続したいという申
し出があった場合には、特定された相続人や受遺者が（　④　）し、（　⑤　）を
押した相続手続書類を（②）または（③）に添えて提出してもらう。

【解答欄】

① ....　② ....　③ ....

④ ....　⑤ ....

問題２

（問　１）お客さまがいらっしゃって、窓口カウンターや後方などで事務処理をする場合、まず心がけなければならない事務取引の基本を解答欄に３つあげてください。

【解答欄】

① ....　② ....　③ ....

（問　２）犯罪収益移転防止法（犯罪による収益の移転防止に関する法律）が求める事項を５つ、簡潔に記述してください。

【解答欄】

① ....

....

② ....

....

③ ....

....

④ ....

....

⑤ ....

....

（問　３）個人情報保護法（個人情報の保護に関する法律）により、個人情報の取扱いにおいて求められる事項を３つ、簡潔に記述してください。

【解答欄】

①--
----
②--
----
③--

（問　４）多額の預金の払戻しの際には、お客さまの資金なので、どのような使途であろうとお客さまの自由ですが、お客さまに資金使途を伺う必要があります。その理由を２つ、簡潔にあげてください。

【解答欄】

①--
----
②--

（問　５）電信扱い（テレ扱い）による振込について、次の２つを簡潔に説明してください。

【解答欄】

①　一般の振込：---

----

②　先日付振込：‥‥‥‥‥‥‥‥‥‥‥‥‥‥‥‥‥‥‥‥‥‥‥‥‥‥‥‥

　　　　　　　　‥‥‥‥‥‥‥‥‥‥‥‥‥‥‥‥‥‥‥‥‥‥‥‥‥‥‥‥

　　　　　　　　‥‥‥‥‥‥‥‥‥‥‥‥‥‥‥‥‥‥‥‥‥‥‥‥‥‥‥‥

（問　６）債券を利子の有無により分類すると、利付債券と割引債券の２つになる。
それぞれを簡潔に説明してください。

【解答欄】

①　利付債券：‥‥‥‥‥‥‥‥‥‥‥‥‥‥‥‥‥‥‥‥‥‥‥‥‥‥‥‥‥

　　　　　　　‥‥‥‥‥‥‥‥‥‥‥‥‥‥‥‥‥‥‥‥‥‥‥‥‥‥‥‥‥

②　割引債券：‥‥‥‥‥‥‥‥‥‥‥‥‥‥‥‥‥‥‥‥‥‥‥‥‥‥‥‥‥

　　　　　　　‥‥‥‥‥‥‥‥‥‥‥‥‥‥‥‥‥‥‥‥‥‥‥‥‥‥‥‥‥

（問　７）投資信託協会が制定した統一的な投資信託の分類方法による商品分類の
うち、単位型と追加型について、簡潔に説明してください。

【解答欄】

①　単位型（スポット型）：‥‥‥‥‥‥‥‥‥‥‥‥‥‥‥‥‥‥‥‥‥‥

　　　　　　　　　　　　　‥‥‥‥‥‥‥‥‥‥‥‥‥‥‥‥‥‥‥‥‥‥

　　　　　　　　　　　　　‥‥‥‥‥‥‥‥‥‥‥‥‥‥‥‥‥‥‥‥‥‥

②　追加型（オープン型）：‥‥‥‥‥‥‥‥‥‥‥‥‥‥‥‥‥‥‥‥‥‥

　　　　　　　　　　　　　‥‥‥‥‥‥‥‥‥‥‥‥‥‥‥‥‥‥‥‥‥‥

　　　　　　　　　　　　　‥‥‥‥‥‥‥‥‥‥‥‥‥‥‥‥‥‥‥‥‥‥

（問　8）次の保険の用語について、簡潔に説明してください。

【解答欄】

①　定 期 保 険：...

....

....

②　養 老 保 険：...

....

....

③　変 額 保 険：...

....

....

④　保険契約者：...

....

....

⑤　被 保 険 者：...

....

....

（問　9）当座勘定取引にあたって、銀行では信用調査を行い、取引をするのに心
　　配のない取引先か審査してから取引を開始します。信用調査の項目を４つあげて
　　ください。

【解答欄】

① ....

② ....

③ ....

④ ....

（問　10）亡くなられたお客さま（被相続人）に配偶者がいれば、配偶者は必ず相
　　続人になります。あとは、第一順位、第二順位、第三順位の順にあてはまる人が
　　相続人になります。配偶者がいるものとし、代襲相続も考慮し、以下の順位者に
　　ついて簡潔に説明してください。ただし、相続放棄、廃除、欠格は考慮しないも
　　のとします。

【解答欄】

①　第一順位：..

　　　　　　　..

　　　　　　　..

②　第二順位：..

　　　　　　　..

　　　　　　　..

③　第三順位：..

　　　　　　　..

　　　　　　　..

（問 1）次の条件の「スーパー定期：6カ月もの」の利息計算をしてください（円未満切捨て）。

- 預入日 ：20××年6月27日
- 利 率 ：年利0.03％
- 金 額 ：200万円
- 満期解約：解約日 20××年12月27日
- スーパー定期6カ月の金利は単利
- マル優対象外

① 日数を数える

_____ 日

② 税込利息を求める

_____ 円

③ 税金を求める

国 税（15.315％）：

地方税（5％） ：

税合計 ：

_____ 円

④ 税引利息を求める

_____ 円

（問 2）次の条件の「米ドル外貨定期預金：3カ月もの」の損益計算をしてください（小数点第3位以下切捨て）。

- 預入日 ：20××年6月27日
- 利 率 ：年利1%
- 金 額 ：100万円
- 満期解約：解約日 20××年9月27日
- 米ドル外貨定期預金3カ月の金利は単利。1年＝360日として計算
- 為替レート 《預入時》TTS：1ドル＝145.00円 TTB：1ドル＝143.00円
  《解約時》TTS：1ドル＝152.00円 TTB：1ドル＝150.00円

① 円貨を外貨に転換し預入時の外貨額を算出する

_____ ドル

② 日数を数える（片端入れ：預入日算入・解約日不算入）

_____ 日

③ 税込利息を求める

_____ ドル

④ 税金を求める

_____ ドル

⑤ 税引利息を求める

_____ ドル

⑥ 外貨を円貨に転換し解約時の円貨額を算出する

_____ 円

⑦ 解約時の損益計算をする

_____ 円の_____

（問　1）次に掲げる「債券の発行体による分類」の表の空欄を埋め、表を完成させてください。

債券の発行体による分類

		発行体	種　類
国内債	公共債	政　府	
		政府関係機関	
		都道府県 市町村	
	民間債	金融機関	
		事業会社	
外国債（外債）		外国政府 国際機関など	

（問　2）投資信託協会が制定した統一的な投資信託の分類方法では、投資信託がどの資産に対して主に投資し、収益の源泉とするのかがわかりやすく分類されています。投資信託の説明書である目論見書の表紙などに記載されているので、投資信託を選ぶ際に活用できます。次の表の空欄を埋め、投資信託協会が制定した「商品分類表」を完成させてください。

商品分類表

単位型・追加型	投資対象地域	投資対象資産 （収益の源泉）	独立区分	補足分類

Master

学習の成果を試す実力確認テストです。復習も忘れずに！

問題1　取引の相手方に関する次の記述のうち、誤っているものはどれですか。

1　未成年者との取引には、原則として、法定代理人の同意が必要である。

2　株式会社など法人との取引は、原則として、代表権限のある人と行う。

3　マンションの管理組合やPTA、同窓会などとの取引は、原則として、団体名で行う。

解答欄＿＿＿＿＿＿

問題2　代理人に関する記述のうち、正しいものはどれですか。

1　代理人とは、本人に代わって、すべての法律行為を自らの判断により行動できる人のことをいう。

2　代理人は、取引者本人に代わって代理人の氏名と代理人の届出印で取引ができる。

3　代理人届は、取引者本人または代理人が提出する。

解答欄＿＿＿＿＿＿

問題3 預金契約等に関する次の記述のうち、誤っているものはどれですか。

1 　預金契約のように物を保管する契約を寄託契約といい、預かったものを返すときには、本来ならそのまま返さなければならないが、銀行は預かった金銭をそのまま保管しているのではなく、貸出用の資金などとして使用している。

2 　預金契約は要物契約であり、預金者と銀行との合意だけではなく、金銭の授受がないと契約は成立しない。

3 　預金規定は、銀行において預金の預入れや払戻し、解約、利息などについて定めたものであり、一人ひとりのお客さまと契約書を取り交わすのは大変なので、あらかじめ契約内容をまとめたものである。

解答欄＿＿＿＿＿＿

問題4 現金の取扱いに関する次の記述のうち、誤っているものはどれですか。

1 　現金を取り扱うときは、現金その場限りが原則である。

2 　現金は、2回数える。2回のうち1回はタテ読みを入れる。

3 　券面積が5分の3以上残っている欠損紙幣は、券面金額の全額と引き換える。

解答欄＿＿＿＿＿＿

問題5 伝票の取扱いに関する次の記述のうち、正しいものはどれですか。

1 伝票は、お客さま自身に記入していただき、記録として保存することで、処理の正当性を説明できる。

2 伝票の代筆は、法律的には代理行為とみなされ、窓口担当者は相当の注意をもって事務を処理する必要がある。

3 お客さまが伝票の金額欄を書き損じてしまった場合には、訂正印による書き直しをしてもらう。

解答欄＿＿＿＿＿＿

問題6 預金商品に関する次の記述のうち、誤っているものはどれですか。

1 総合口座は、普通預金と定期預金、国債がセットされた口座であり、セットされた定期預金や利付国債等を担保に自動融資を利用することができる。

2 手形や小切手の支払資金を準備するのにつかわれる当座預金は、無利息である。

3 納税準備預金の金利は、普通預金より高いのが一般的で、利息に対する所得税の税率も、普通預金より低く設定されている。

解答欄＿＿＿＿＿＿

問題7 店頭取引時の取引時確認に関する次の記述のうち、正しいものはどれですか。

1 取引時確認は、預金口座の開設時のほか、貸金庫・保護預りなどの取引の開始時にも必要である。

2 法人取引の場合には、原則として、登記事項証明書等の公的書類により代表者等の取引時確認をすればよい。

3 取引時確認にあたっては、本人確認書類のコピーを取り、一定期間保存することが、法律で義務づけられている。

解答欄＿＿＿＿＿＿＿

問題8 犯罪収益移転防止法の規定による取引時確認に関する次の記述のうち、誤っているものはどれですか。

1 200万円を超える現金・持参人払式小切手などの受払いを伴う取引をするときは、取引時確認を行う必要がある。

2 学校の入学金や授業料を支払うために10万円を超える現金による振込を受け付ける場合には、取引時確認を行う必要がある。

3 取引時確認を行わなくてもよい取引であっても、マネー・ローンダリングまたはテロ資金供与その他犯罪に関与している疑いのある取引については、疑わしい取引の届出対象となる。

解答欄＿＿＿＿＿＿＿

問題9 新規口座開設のポイントに関する次の記述のうち、誤っているものはどれですか。

1 FATCA に基づき、お客さまの国籍を確認し、米国税務当局にその情報を提供する必要がある。

2 OECD の共通報告基準（CRS）に基づき、お客さまの居住地国を特定し、税務当局にその情報を提供する必要がある。

3 お客さまから「反社会的勢力ではないことの表明・確約に関する同意書」を提出していただく必要がある。

解答欄＿＿＿＿＿＿

問題10 出金処理に関する次の記述のうち、誤っているものはどれですか。

1 入金伝票と異なり、払戻伝票には届出印の押印が必要であり、相当な注意をもって印鑑照合をする必要がある。

2 原則として、面前処理以外は番号札を交付し、払戻伝票に番号札の番号を記入するとともに、支払いの際には、番号札と伝票の番号の一致を確認する。

3 店頭における出金取引については、かならず取引時確認を行うことが法律で義務づけられている。

解答欄＿＿＿＿＿＿

問題 11 振込に関する次の記述のうち、誤っているものはどれか。

1 普通預金口座から定期預金口座に資金を移す場合など、同一銀行・同一支店内の同一名義預金口座間で資金を移し換える取引を「振替」という。

2 先日付振込は、振込の依頼があった日に、あらかじめ振込通知を発信しておく方法である。

3 振込処理を終えてから、お客さまからの依頼により振込を取り消す場合には、取消しの手続をとる。

解答欄＿＿＿＿＿＿

問題 12 銀行が行う代理・収納・支払事務などに関する次の記述のうち、誤っているものはどれですか。

1 銀行は、都道府県や市町村などの指定を受けて、市町村民税、固定資産税、自動車税、国民年金保険料などの公金の収納や支出事務を行っている。

2 公共料金の口座振替がセットされている口座は、銀行にとっても解約率の低い口座として、取引拡大を期待したい口座である。

3 銀行における株式配当金の支払事務において、配当金領収証による支払いは、お客さまから提示された配当金領収証と見本券を照合して支払う。

解答欄＿＿＿＿＿＿

問題 13　代金取立に関する次の記述のうち、誤っているものはどれですか。

1　代金取立の対象になる証券類は、約束手形、為替手形、小切手など、預貯金口座へただちに入金できない証券類である。

2　取立依頼人が取引先の銀行（委託銀行）に手形や小切手の取立を依頼した場合、支払人（振出人）の取引銀行である受託銀行から、直接、代金を受け取ることになる。

3　代金取立については、原則として、自店の取引先のお客さま以外からの依頼を受け付けることができない。

解答欄＿＿＿＿＿＿＿

問題 14　国内両替（以下、この問において「両替」という）に関する次の記述のうち、正しいものはどれですか。

1　お客さまから両替の依頼を受けた場合、両替票にお客さまの住所、氏名、電話番号を記入してもらう必要がある。

2　取引先以外のお客さまからの両替の依頼には、応じることはできない。

3　両替については、お客さまから手数料を徴収することはできない。

解答欄＿＿＿＿＿＿＿

問題 15 貸金庫に関する次の記述のうち、誤っているものはどれですか。

1 貸金庫取引は、金融機関がお客さまに金庫室のキャビネットを有償で貸与し、お客さまは貯金通帳や貴金属などの貴重品を保管する付随業務である。

2 貸金庫は、お客さまから利用申込があったら、取引があるかどうかの確認をし、信用のあるお客さまにご利用いただく。

3 貸金庫取引では、お客さまが貸金庫を利用する都度、取引時確認手続が必要となる。

解答欄＿＿＿＿＿＿

問題 16 資産状況の整理に関する次の記述のうち、正しいものはどれですか。

1 流動性資金とは、日常の生活費や万一の病気や事故などにそなえる資金をいい、普通預金や貯蓄預金、国債などの商品が適している。

2 安全性資金とは、3〜5 年くらいの短中期的につかう予定のある資金をいう。定期預金や個人向け国債などの商品が適しているが、MMF や公社債投信などの公社債投資信託は適していない。

3 収益性資金とは、資金使途が決まっていない、もしくは、長期的な目的のための資金で、将来の資金使途に向けてふやすことをめざす資金をいい、外貨預金、投資信託などの商品が適している。

解答欄＿＿＿＿＿＿

問題 17　ライフイベントに応じた資産運用の基本的な考え方に関する次の記述のうち、正しいものはどれですか。

1　若い世代は、一般的に収入が少ないため、自由につかえるお金の割合は低い時期であるが、将来にそなえた資産を形成することは大切である。少ない資産を守るためにも、リスクがある運用は避けるべきである。

2　中堅世代は、働き盛りの時代で、支出も多い時期である。資産運用にあたっては、子供の将来や自身の老後のための準備を忘れず、無理のない範囲で、安全性を重視して中長期的に着実にふやしていける運用商品が候補になる。

3　退職世代は、年金と貯蓄で、よりゆとりあるセカンドライフを送り、ご家族に資産を残すため、資産運用にあたっては、ある程度リスクがあっても積極的に値上がり益を狙う運用を選択し、お金に働いてもらうことが重要になる。

解答欄＿＿＿＿＿＿

問題 18　マル優（障害者等の少額預金の利子所得等の非課税制度）に関する次の記述のうち、正しいものはどれですか。

1　マル優で非課税となるのは、貯蓄元本の合計額が 350 万円までの利子である。

2　マル優を利用できる人は、65 歳以上の高齢者である。

3　マル優を利用するためには、最初の預入等をする日までに非課税貯蓄申込書を金融機関の営業所等を経由して税務署長に提出すれば、その後の預入等の際には、非課税貯蓄申込書を提出する必要はない。

解答欄＿＿＿＿＿＿

問題 19 預金保険制度に関する次の記述のうち、誤っているものはどれですか。

1 預金保険制度において、全額保護の対象となる預金は、当座預金や利息のつかない普通預金などの決済用預金である。

2 預金保険制度において、利息のつく普通預金・定期預金・定期積金・元本補てん契約のある金銭信託などは、利息も含めて 1,000 万円までが保護の対象となる。

3 預金保険制度において、外貨預金、譲渡性預金などは、保護対象外である。

解答欄＿＿＿＿＿＿

問題 20 金融商品のリスクに関する次の記述のうち、正しいものはどれですか。

1 為替相場の変動によって、金融商品の価値が変動する可能性を価格変動リスクという。

2 社会や経済の状況や企業の業績等によって金融商品の価格が変動する可能性を信用リスクという。

3 その国の社会や経済の不安定化により、金融商品の価格が変動する可能性をカントリーリスクという。

解答欄＿＿＿＿＿＿

問題 21   積立タイプの商品に関する次の記述のうち、誤っているものはどれですか。

1   積立型定期預金は、一定の期間を定めて、その期間に毎月一定の金額を預け入れ、満期日に積み立てた元金とそれに対する利息を受け取れる仕組みの定期預金である。

2   定期積金は、毎月一定額を掛け込む定額型と、最初にためたい目標額を決めてそれを期間で割って毎月の掛け込み額を決める目標型などがあり、利息は半年複利で計算する。

3   財形預金には、ためた資金を自由な目的でつかえる一般財形預金、将来年金として受け取る財形年金預金、住宅を買ったり増改築のためにつかう財形住宅預金があり、財形年金預金と財形住宅預金は、合わせて550万円まで利息に税金がかからない。

解答欄＿＿＿＿＿＿

問題 22   債券に関する次の記述のうち、正しいものはどれですか。

1   債券は、あらかじめ満期日が決められて発行され、その間、企業の業績に応じた利子に相当する金額を受け取ることができる。

2   割引債券は、利子に相当する金額が額面から割り引かれて発行され、償還日に額面金額を受け取る債券である。

3   個人向け国債は、個人のお客さまのみが購入できる国債で、5万円以上、5万円単位で買うことができる。

解答欄＿＿＿＿＿＿

問題 23 外貨預金に関する次の記述のうち、正しいものはどれですか。

1　お客さまが、円貨を外貨に替えるときの為替レートをTTM（対顧客電信売相場）という。
2　お客さまが、外貨を円貨に替えるときの為替レートをTTS（対顧客電信買相場）という。
3　外貨預金は、為替相場の動きが円安になることを期待して運用する商品である。

解答欄＿＿＿＿＿＿

問題 24 投資信託に関する次の記述のうち、誤っているものはどれですか。

1　投資信託には、運用をプロに任せることができるというメリットがある。
2　投資信託では、1つの株式や債券などで運用するのではなく、複数の株式や債券などで運用することで、リスクを分散することができる。
3　J-REITは、日経平均株価やTOPIX（東証株価指数）など、特定の指数の動きに連動する運用を行う、証券取引所に上場する投資信託である。

解答欄＿＿＿＿＿＿

問題 25 金融商品取引法に関する次の記述のうち、誤っているものはどれですか。

1 投資性の強い預金・保険など（外貨預金や外貨建保険・年金、変額保険・年金など）の販売・勧誘業務については、基本的に金融商品取引法と同等の利用者保護規則（販売・勧誘ルール）が適用されている。

2 将来の不確実な事項については、お客さまにわかりやすいように、具体的に主観を述べ、判断を提供しなければならない。

3 金融商品の販売にあたっては、必ず契約内容（重要事項等）を記載した書面をお客さまに交付して説明する必要がある。

解答欄＿＿＿＿＿＿

問題 26 金融サービスの提供に関する法律（以下、この問において「金融サービス提供法」という）に関する次の記述のうち、誤っているものはどれですか。

1 融資取引や内国為替取引は、金融サービス提供法の対象外であるが、外国為替取引は、金融サービス提供法の対象となる。

2 金融サービス提供法では、お客さまの知識、経験、財産の状況、契約の目的に照らして、お客さまが理解するために必要な方法・程度に応じた重要事項の説明をしなければ、金融商品を販売してはならないとされている。

3 金融サービス提供法では、重要事項の説明違反や断定的判断を提供したことによって、お客さまが損害を被った場合には、金融機関に損害賠償責任が発生するとされている。

解答欄＿＿＿＿＿＿

問題 27　消費者契約法に関する次の記述のうち、正しいものはどれですか。

1　消費者契約法は、事業者と消費者が結ぶすべての契約を対象としている。

2　事業者に一定の不当勧誘や困惑させる行為があったときは、契約をした時点にさかのぼって無効になる。

3　事業者に不当な勧誘があったことによって契約を取り消すことができる期間は、契約締結時から 20 年とされている。

解答欄＿＿＿＿＿＿＿

問題 28　偽造カード等及び盗難カード等を用いて行われる不正な機械式預貯金払戻し等からの預貯金者の保護等に関する法律（以下、この問において「預金者保護法」という）に関する次の記述のうち、正しいものはどれですか。

1　預金者保護法は、個人または法人を問わず、偽造・盗難カードによる不正払出し等から預金者を保護する法律である。

2　被害を受けた預金者に過失がなければ、金融機関が原則として被害を全額補償し、被害者の過失の立証責任も金融機関にあるとされている。

3　暗証番号をキャッシュカード上に書き記していた場合は、本人に過失があったとして 75％の補償に減額される。

解答欄＿＿＿＿＿＿＿

問題 29　保険の持つ機能に関する次の記述のうち、誤っているものはどれですか。

1　終身保険は、死亡した場合にのみ死亡保険金を受け取ることができる保険で、死亡せずに満期を迎えれば同額の満期保険金を受け取ることができる。

2　特定疾病保障保険は、がん、急性心筋梗塞、脳卒中により一定の状態になったときに、死亡保険金と同額の保険金を受け取ることができる。

3　介護保険は、寝たきりや認知症によって介護が必要な状態となり、その状態が一定の期間継続したときに一時金や年金を受け取るタイプと、公的介護保険の要介護認定に連動して一時金・年金を受け取るタイプがある。

解答欄＿＿＿＿＿＿

問題 30　生命保険の用語に関する次の記述のうち、正しいものはどれですか。

1　保険契約者とは、その人の生死・病気・ケガなどが保険の対象となっている者である。

2　被保険者とは、生命保険会社と保険契約を結び、契約上のさまざまな権利と義務を持つ者である。

3　保険金とは、保険契約の条件を満たした場合に生命保険会社から受取人に支払われるお金であり、通常、保険金が支払われると保険契約は消滅する。

解答欄＿＿＿＿＿＿

問題 31 銀行による保険窓販業務に関する次の記述のうち、誤っているものはどれですか。

1　銀行での保険の販売にあたっては、優越的地位や影響力を行使してお客さまに損害を与えることや、公平な競争を害することを防ぎ、また銀行取引で得た情報を不当に保険販売に利用することを防ぐために弊害防止措置が設けられている。
2　住宅ローン関連での保険加入に際して、保険への加入がローン実行の条件となっている場合には、あらかじめ書面によりその旨を説明しなければならない。
3　保険募集を行う際には、保険契約者・被保険者が保険契約の締結または加入の適否を判断するのに必要な情報の提供を行うことが求められる。

解答欄＿＿＿＿＿＿＿

問題 32 当座勘定取引に関する次の記述のうち、正しいものはどれですか。

1　お客さまが手形もしくは小切手を使用して支払いをしたい場合、すでに取引があるお客さまであれば、いつでも当座勘定取引を開始することができる。
2　当座勘定取引契約は、当座預金契約（金銭消費寄託契約）と支払委託契約から構成されている。
3　当座勘定取引は、お客さまが電子交換所の取引停止処分とならない限り、銀行は契約を解約することができない。

解答欄＿＿＿＿＿＿＿

問題 33　手形に関する次の記述のうち、正しいものはどれですか。

1　手形割引とは、手形を受け取った人が、満期を待たないで手形を銀行に買い取ってもらい現金を入手することをいう。

2　手形貸付とは、借用証書の代わりに、借主を受取人、貸付金額を手形金額、弁済期日を満期日とする約束手形を銀行が振り出して貸付をすることをいう。

3　約束手形が支払いを約束するものであるのに対して、為替手形は支払いを委託するものである。

解答欄　　　　　　　

問題 34　手形用紙、小切手用紙に関する次の記述のうち、正しいものはどれですか。

1　小切手法・手形法では、統一手形用紙制度が定められており、統一用紙を使用しない手形・小切手については、支払いをしないこととされている。

2　手形や小切手には、これを記載しなければならないと銀行法で定められた項目があり、これを必要的記載事項、もしくは手形・小切手要件という。

3　為替手形の必要的記載事項である「支払人の名称」には、振出人が為替手形の支払いを委託する者が支払人として記載される。

解答欄　　　　　　　

問題 35　線引小切手に関する次の記述のうち、誤っているものはどれですか。

1　特定線引小切手は、平行線の中に「特定の金融機関名（および支店名）」を記載した小切手であり、支払銀行は、指定された金融機関に対してだけ支払いができ、指定された金融機関が自行の時は、自行の取引先に対してだけ支払いが可能である。

2　特定線引小切手を一般線引小切手に変更することはできるが、一般線引小切手を特定線引小切手に変更することはできない。

3　一度引かれた線引は抹消できないが、振出人と金融機関との間で線引の効力を排除する特約を締結し、振出人が線引小切手の裏面に金融機関届出印を押したものは、支払銀行の取引先でなくても支払うことができる。

解答欄＿＿＿＿＿＿＿＿＿

問題 36　手形や小切手の譲渡に関する次の記述のうち、誤っているものはどれですか。

1　手形や小切手の譲渡とは、支払呈示の前に受け取った手形や小切手を、そのまま自分の支払いにつかうことをいう。

2　記名式または指図式小切手は、裏書により譲渡することができる。

3　小切手や手形の裏書譲渡では、被裏書人を特定していないと、裏書譲渡は無効となる。

解答欄＿＿＿＿＿＿＿＿＿

問題 37 手形交換の仕組みに関する次の記述のうち、誤っているものはどれですか。

1 銀行がお客さまに代わって手形や小切手を支払呈示する場合は、直接銀行同士でやりとりをするか、電子交換所を通じて行う。

2 支払いのための呈示は、小切手は振出日から 10 日目まで（振出日を含めて 11 日間。最終日が銀行の休業日にあたった場合には、翌営業日まで延長される）のうちに行わなければならない。

3 手形や小切手の持出銀行と持帰銀行の決済は、各銀行が日本銀行に保有している当座預金によって、差額分だけを決済する仕組みをとっている。

解答欄_____

問題 38 不渡事由に関する次の記述のうち、第 1 号不渡事由として正しいものはどれですか。

1 手形・小切手が支払銀行に呈示されたが、振出人と取引がない（取引なし）。

2 呈示された手形・小切手が詐取や盗難にあったもののために支払わない。

3 手形の呈示期間を経過している。

解答欄_____

問題39　諸届事務に関する次の記述のうち、誤っているものはどれですか。

1　名義変更や住所変更は、届出の印章と通帳等によって本人であることを確認してから、変更を行う。

2　キャッシュカードの喪失届を受け付けた際は、口座番号や氏名、失くした日時や状況などを充分に聞いてから、事故届の入力をする。

3　喪失物が発見された場合には発見届を提出していただくが、受付にあたっては、喪失届を出した人が発見したと届け出ているか、本人確認が重要である。

解答欄＿＿＿＿＿＿＿

問題40　相続手続の受付に関する次の記述のうち、誤っているものはどれですか。

1　お客さまが亡くなると、亡くなった被相続人の名前や届出印では取引ができなくなる。

2　被相続人の預金の残高証明書の発行依頼の受付にあたっては、相続財産の権利者である相続人からの申し出であることを確認してから申し出に応じる。

3　お客さまが亡くなると、お客さまの預金をお守りするため、相続手続が終了するまで、いっさいの預金の支払いに応じない。

解答欄＿＿＿＿＿＿＿

新訂
預金・為替業務
トレーニングドリル
解答集

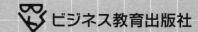

ビジネス教育出版社

Let's Try：解答解説

■第1章　口座を開く

1．○　預金取引を行うことは、法律行為の 1 つである。法律行為を有効に行うためには行為能力を持っていることが必要である。そこで、法律行為を行うために必要な判断能力が備わっていない人を保護する仕組みとして、民法は、一定の条件を設けて、その条件に当てはまる人を保護している。　　　　　（テキスト p.11 参照）

2．×　預金取引は、本人名義で行うことが原則であるが、通称やペンネームでの取引に応じることもある。そのような場合には、自己の判断で応じるのではなく、上司に相談して指示を仰ぐようにする。　　　　　　　　　　　　（テキスト p.14 参照）

3．×　お客さまの大切な資金を扱う窓口の事務は、間違いがあってはならない。自分の事務処理は、必ず自己チェックをして確認するようにする。また、自分 1 人で判断できないことは、上司の指示を仰ぐことが必要である。何でもかんでも最後まで 1 人で行うことが責任のある仕事とはいえない。上司への報告、連絡、相談を忘れないようする。　　　　　　　　　　　　　　　　　　　（テキスト p.17 参照）

4．○　カウンターに置かれた現金の管理責任は、窓口担当者（銀行）にあるので、カウンターに現金が置かれたら、直ちにお客さまの面前で金額を確認して安全なところへ移す。　　　　　　　　　　　　　　　　　　　　　　　（テキスト p.18 参照）

5．○　伝票は、経理上の記録書類であり、取引の証拠書類でもある重要な書類である。お客さまに記入していただくときには、間違いがないように丁寧な説明をし、事務処理後はきちんと保管する。　　　　　　　　　　　　　　　　（テキスト p.19 参照）

6．×　通帳や証書は預金債権の存在を示す証拠証券である。　（テキスト p.21 参照）

7．×　預金規定には、「払戻請求書、諸届その他の書類に使用された印影を届出の印鑑と相当の注意をもって照合し、相違ないものと認めて取扱ったうえは、それらの書類につき偽造、変造、その他の事故があっても、そのために生じた損害については、責任を負わない」と書かれている。印鑑照合はそれだけ重要な事務ということである。　　　　　　　　　　　　　　　　　　　　　（テキスト p.22 参照）

8．×　仕事上知り得た情報は、たとえ家族であっても漏らしてはいけない。

（テキスト p.22・23 参照）

9．○　総合口座は、個人のお客さま限定商品で、融資取引である当座貸越がセットされているので、原則として未成年者との取引はできない。（テキスト p.23 参照）

10．○　マイナンバーカードを提示された場合、カードの裏面をコピーしたり、個人番号をメモする等をして個人番号を取得することは禁じられているので注意が必要である。

（テキスト p.33 参照）

■第2章　口座をつかう

11．×　入金処理における取引内容の確認は、通帳と伝票の口座番号や氏名が一致しているか、伝票の金額と現金が一致しているかなどを復唱確認する。ただし、特に金額は他のお客さまに聞こえないように配慮して、場合によっては伝票をさして「こちらの金額ですね」などという言い方をする。　　　　（テキスト p.41 参照）

12．○　まとまった金額の支払いの際には、万が一の事故の可能性がないか会話から察知できる、資金使途がわかればお客さまに合った商品やサービスをご案内するチャンスをつかめる、といった理由から、何におつかいになるのか尋ねるようにする。　　　　　　　　　　　　　　　　　　　　　　　　　（テキスト p.43 参照）

13．○　番号札は、法律的には免責証券の1つとされている。原則として、面前処理以外は番号札を交付し、伝票に番号札の番号を記入する。　（テキスト p.43 参照）

14．○　ネット（僚店）取引、普通預金のほぼ全額の払戻し、定期預金の中途解約、住所が遠方、少額での預金開設などは、事故が多い取引とされているので注意が必要である。　　　　　　　　　　　　　　　　　　　　　　（テキスト p.44 参照）

15．×　デビットカードサービスは、デビットカード機能のついたキャッシュカードを持ったお客さまが、加盟店で現金の支払いの代わりにカードを提示して暗証番号を入力すると、代金を銀行口座から「即時決済（すぐに口座から引き落とされる）」するものである。　　　　　　　　　　　　　　　　　　（テキスト p.46 参照）

■第3章　銀行を便利につかう

16．○　電信扱いは、振込通知の送達手段に全銀システム（全銀為替）を利用する方法で、営業日の午後3時までの間に依頼が行われたものは当日中に（即時に）入金

が完了する（当日扱いの締切時間以降は翌営業日の入金になる）。（テキスト p.51 参照）

17. ×　仕向銀行の振込処理において、振込依頼を電信扱いで受け付けた場合には、原則として、被仕向銀行への振込通知の発信は、当日中に行う。

（テキスト p.52 参照）

18. ○　自動機（ATM）による振込は、多くの銀行で窓口よりも振込手数料を安くしている。　　　　　　　　　　　　　　　　　　　　　　（テキスト p.53 参照）

19. ○　組戻しの手続をとる場合には、すでに受取人の口座に入金されていたら受取人の了承が必要なので、組戻しに応じられない場合があることを事前に説明する。

（テキスト p.53・54 参照）

20. ○　振込処理の訂正は、仕向銀行の誤り、またはお客さまからの依頼によって発信した電文の一部を訂正する場合に行う。　　　　　（テキスト p.54 参照）

21. ×　年金が受取人の預金口座に振り込まれるまでの流れは、以下のとおりである。

①　日本年金機構が、日本銀行に対して預金口座への振込を依頼する。

②　これを受けて日本銀行は、振込先の銀行に対して預金口座への振込を依頼する。

③　受取人に対しては、日本年金機構から振込通知が送付される。

④　資金決済は，日本銀行が政府預金を引き落とすとともに振込依頼先となる銀行の日本銀行当座預金に入金し、銀行が年金の受取人の預金口座に資金を振り込むことで行われる。

⑤　日本銀行は支払った年金について計算整理を行い、毎月、その結果を日本年金機構との間で照合・確認する。　　　　（テキスト p.56 参照）

22. ×　お客さまから市町村民税や国民健康保険料などの納付の依頼を受けた場合、自行内に取りまとめ店となっている店舗があれば、そこに受け入れたお金を集中するが、自行内に取りまとめ店となっている店舗がなければ、他行の取扱店に文書為替等の振込方式で取り次ぐ。なお、公金は窓口での支払い以外に、口座振替による支払いが可能なものも増えている。　　　　（テキスト p.56・57 参照）

23. ×　電気、ガス、水道などの公共料金は、銀行が個別に公共料金収納機関と契約をして、収納金の受入れ、払込事務を行う。支払期限を過ぎてから払込みに来店するお客さまがいるが、受入れできるかどうかは、各収納機関の了解が得られるか

どうかで異なるので、個別に確認する必要がある。　　　　　（テキスト p.57 参照）

24.　×　代金取立は、取立方式によって、取立依頼人の口座に資金が入金される日や時間が異なるので、入金予定日や時間について、自行の仕組みを確認しておく必要がある。　　　　　　　　　　　　　　　　　　　　　　　（テキスト p.59 参照）

25.　○　貸金庫取引は、銀行がお客さまに金庫室のキャビネットを有償で貸与し、お客さまは預金通帳や貴金属などの貴重品を保管する。（テキスト p.61 参照）

■第4章　お金を有効に管理する

26.　○　モノの値段が上がり続けることをインフレーション（インフレ）といい、インフレにより通貨の価値は低くなる。これでは、現在充分な貯蓄があると思っても、将来が不安になるので、物価が上昇するときに一緒に価値が上がることが期待される金融商品を組み込んだ資産運用が必要になってくる。（テキスト p.67 参照）

27.　×　預貯金の利息は、原則として、その支払いの際に、20.315％（国税 15.315％、地方税 5％）の税率で源泉徴収が行われ、それだけで納税が完結する源泉分離課税となっている。　　　　　　　　　　　　　　　　　　（テキスト p.70 参照）

28.　×　特別マル優で非課税の対象となるのは国債および地方債である。非課税となるのは、国債および地方債の額面の合計額 350 万円までの利子であり、マル優とは別枠になっている。　　　　　　　　　　　　　　　　　　（テキスト p.71 参照）

29.　○　銀行法は、経営内容等を開示したディスクロージャー誌を作成し、公衆の縦覧に供しなければならないと定めている。　　　　　　　　（テキスト p.72 参照）

30.　×　預金保険制度とは、金融機関が万一破綻しても、預金者の預金を一定額まで保護する制度（当座預金などの決済用預金は全額保護されるが、一般の預金は元本 1,000 万円までとその利息）である。　　　　　　　　（テキスト p.72・73 参照）

■第5章　お金をためる・ふやす

31.　○　金融商品の選択にあたっては、一般的に、金利のピーク期には、高い金利を長期に固定できるように長期の固定金利商品を選び、逆に、金利のボトム期には、低い金利で固定してしまわないように、変動金利商品や短期商品、必要に応じて商品を換えられるものを選ぶなど、金利ピーク期、金利ボトム期、金利上昇期、下降期など、時期に応じて金融商品を選択する。　　　　（テキスト p.78 参照）

32. ×　期日指定定期預金は、1年の据置期間を経過すれば自由に満期日の指定ができる定期預金で、個人のお客さまに限定されている。　（テキスト p.79・80 参照）

33. ×　目的どおりの使用のため払戻しを受ければ、合わせて 550 万円まで利息に税金がかからないのは、財形年金預金と財形住宅預金である。　（テキスト p.81 参照）

34. ○　債券（公共債）は、満期日に額面金額が返金されることが約束されている安全性の高い金融商品である。　　　　　　　　　　　　　　　　（テキスト p.81 参照）

35. ○　はじめて国債を購入する場合は、購入する金融機関で国債の取引をするための口座を開設してもらう必要がある。銀行によっては口座の管理手数料等がかかる場合があるので、自行の手数料を確認する。口座を開設するときには、運転免許証などの本人確認書類、印鑑等が必要である。　　　　　　（テキスト p.84 参照）

36. ×　投資信託は、運用がうまくいけば利益を得られるが、運用がうまくいかないと投資した額を下回って元本割れすることもある、運用成績は市場環境などによって変動する商品である。　　　　　　　　　　　　　　　　（テキスト p.86 参照）

37. ×　投資信託を解約もしくは売りたい（買取請求したい）お客さまは、投資信託を購入した販売会社の窓口に申し出ると、原則として、換金の申し出から 4 営業日以降に売却代金を受け取ることができる。　　　　　　　（テキスト p.91 参照）

38. ×　金融商品取引法では、損失補てんの約束をして金融商品を販売してはいけないとされている。　　　　　　　　　　　　　　　　　　　（テキスト p.93 参照）

39. ×　預金取引は、金融サービス提供法の対象取引である。　（テキスト p.94 参照）

40. ○　契約を取り消す権利の行使期間について、民法は「追認をすることができる時から 5 年」、「行為の時から 20 年」と定めているが、消費者契約法では、①追認できる時（消費者が誤認をしたことに気づいた時や困惑を脱した時等、取消しの原因となった状況が消滅した時）から 1 年、または、②契約締結時から 5 年という期間制限がある。　　　　　　　　　　　　　　　（テキスト p.95 参照）

■第6章　将来にそなえる

41. ×　定期保険は、保険期間は一定で、その間に死亡した場合のみ死亡保険金を受け取ることができるが、満期保険金はない。　　　　　（テキスト p.102 参照）

42. ○　終身保険は、死亡した場合のみ、死亡保険金を受け取ることができる保険で、保険期間は定期保険と異なり一定ではなく、一生涯死亡保障が続く（満期保険金

はない）。 （テキスト p.102 参照）

43. ○　個人年金保険の確定年金は、生死に関係なく契約時に定めた一定期間、年金を受け取ることができる。 （テキスト p.104 参照）

44. ×　保険会社と契約を結び、保険料を支払う人は、保険契約者である。被保険者は、その人の生死・病気・ケガなどが保険の対象となっている人のことである。

（テキスト p.105 参照）

45. ○　2001 年 4 月に銀行の保険窓販が解禁されてから窓販対象商品は徐々に拡大され、現在はすべての保険商品が対象になっている。 （テキスト p.106 参照）

■第 7 章　手形・小切手をつかう

46. ×　お客さまが振り出した約束手形や小切手の支払資金を準備できておらず、支払呈示された手形・小切手の金額が当座勘定残高（当座勘定貸越契約があるときは貸越限度額）を超える場合、銀行が例外的に支払資金を超えて支払うことを過振りという。過振りの判断は銀行の裁量とされており、銀行には、過振りをしてまで支払う義務はない。 （テキスト p.111 参照）

47. ○　6 カ月以内に 2 回不渡りを起こすと、手形交換所の取引停止処分を受け、銀行は当座勘定契約を強制解約することができる。 （テキスト p.111 参照）

48. ○　約束手形は、支払期日（満期日）に、一定の金額の支払いを約束した有価証券であり、裏書により譲渡される。 （テキスト p.112、122 参照）

49. ×　約束手形の必要的記載事項である手形金額を誤記した場合は、訂正するのではなく、新しい用紙を使用する。 （テキスト p.116 参照）

50. ○　小切手には、必要的記載事項として支払委託文句が記載されている。

（テキスト p.117・118 参照）

51. ○　小切手は持参人に支払うものが多いので、盗難や紛失の際に正当な権利者以外に支払いがなされてしまう可能性がある。そのような事故を防止するために、線引小切手ができた。 （テキスト p.118 参照）

52. ×　一般線引小切手において、一度引かれた線引は抹消しても抹消がないものとみなされる。 （テキスト p.119 参照）

53. ×　支払いのための呈示は、手形の場合、支払期日の翌々日まで（支払期日を含めて 3 日間）のうちに行わなければならない。 （テキスト p.124 参照）

54. ○ 電子交換所に持ち出した手形と持ち帰った手形の差額（交換尻）は、日本銀行当座勘定において毎営業日の午後3時に決済される。 （テキスト p.125 参照）

55. × 不渡処分の対象となるのは第1号不渡事由と第2号不渡事由に該当する不渡りの場合だけで、0号不渡事由は不渡処分にならない。第2号不渡事由の場合は、資金不足ではないので、手形金額と同額の金額を、支払銀行を通じて電子交換所に提供すれば、不渡処分は猶予されることになっている。（テキスト p.127 参照）

■第8章　各種手続を行う

56. × 結婚で名義変更した場合には、キャッシュカードの苗字のエンボスが変わるので、再発行する。ただし、一般的にシステム上は、古いエンボスのままでもそのままキャッシュカードを使うことができるので、特にお客さまの希望がなければそのままお使いいただく銀行もある。 （テキスト p.131 参照）

57. ○ 電話でキャッシュカード等の喪失の連絡をしてくるお客さまも多いが、よくわからないからとまごついている間に第三者に悪用され、多額の資金を引き出されては、銀行の責任問題に発展しかねない。迅速な対応を心がけるとともに、手に負えそうもないときには先輩や上司に相談する。 （テキスト p.132 参照）

58. × 相続人が配偶者と兄弟姉妹である場合の法定相続分は、配偶者が4分の3、兄弟姉妹（2人以上のときは全員で）4分の1である。（テキスト p.138 参照）

59. × 基本的に相続手続は、戸籍謄本、相続人の実印による相続書類と印鑑登録証明書の提出を受けて行う（なお、2017年5月からスタートした「法定相続情報証明制度」により、法務局に戸除籍謄本等を提出し、あわせて相続関係を一覧表にした「法定相続情報一覧図」を提出すれば、その一覧図に認証文を付した写しが無料で交付され、その後の相続手続は、その写しを利用することで戸除籍謄本等を何度も出し直す必要がなくなる）。手続のルールや書類は銀行によって異なっているので、それぞれ自行のやり方を確認する。 （テキスト p.138 参照）

60. ○ 被相続人の残高証明書の発行依頼については、家族で相続財産を分けるにあたって、被相続人がどのくらいの資産を遺したのか知りたいという要望はあるが、亡くなったとはいえ、大切なお客さま情報であるため、誰にでも教えてよいものではないので、相続財産の権利者である相続人からの申し出の場合に応じることとしている。 （テキスト p.139 参照）

Challenge：解答解説

問題1

1．犯罪収益移転防止法（犯罪による収益の移転防止に関する法律）では、預金口座の開設や（①**200万円**）を超える大口の現金取引、（②**10万円**）を超える現金振込などの取引時に取引時確認を求めている。店頭で取引時確認を行う際には、本人確認書類の（③**原本**）の提示を求めており、書類によっては、あわせて他の本人確認書類や補完書類の提示（送付）を受ける。本人確認書類は有効期限のあるものは有効期限内、有効期限のないものは提示や送付を受ける日の前（④**6カ月**）以内に作成されたものに限る。なお、法人取引の場合には、法人の取引時確認とともに取引担当者・（⑤**実質的支配者**）の本人特定事項の確認が必要となる。　　　　　　　　（テキスト p.30〜33 参照）

2．入金処理にあたっては、（①**復唱**）確認をして、通帳と伝票の（②**口座番号**）や氏名が一致しているか、伝票の金額と（③**現金**）が一致しているかなどを確認する。ただし、特に金額は他のお客さまに聞こえないように配慮する必要がある。また、現金は、（④**現金その場限り**）の原則にのっとり、お客さまの面前で（⑤**二算**）をして確認する。　　　　　　　　　　　　　　　　　　　　　　　　　　　（テキスト p.41 参照）

3．振込とは、送金方法の1つで、お客さまの依頼を受けて、受取人の口座のある銀行に宛ててお金を送ることをいう。依頼人からの委託により送金を行う銀行を（①**仕向銀行**）、送金を受ける銀行を（②**被仕向銀行**）という。振込の依頼を受けた（①**仕向銀行**）は、振込代金受領後、振込依頼人に（③**振込金受取書**）を交付する。また、普通預金口座から定期預金口座に資金を移す場合など、同一銀行・同一支店内の同一名義預金口座間で資金を移し換える取引は（④**振替**）といい、手数料は（⑤**無料**）という銀行が一般的である。　　　　　　　　　　　　　　　　　　　　　　（テキスト p.50 参照）

4．預金の利息は 1 年を 365 日とする日割計算で算出され、日数は預入日だけを数える（①**片端入れ**）で計算する。マル優を使っていなければ、利息から国税（所得税・復興特別所得税）：（②**15.315**）％、地方税（住民税）：（③**5**）％が合わせて（④**源泉徴収**）される。また、利息のつき方には、単利と複利があるが、当初預け入れた元本に対してのみ利息が計算されるのは（⑤**単利**）である。　　　（テキスト p.69 参照）

　　※　預金・公共債の利子や投資信託の分配金・譲渡益等については、2013 年 1 月 1 日から 2037 年 12 月 31 日までの 25 年間、復興特別所得税として所得税額 2.1％が追加的に課税されることとなったことに伴い、所得税および復興特別所得税 15.315％、住民税 5％の合計 20.315％が源泉徴収される。

5．金融商品取引法では、金融商品の販売・勧誘ルールとして、契約締結前、契約締結時等の（①**書面交付**）義務とともに、（②**断定的判断**）の提供等、損失補てんを禁止している。また、お客さまの「知識」「経験」「（③**財産の状況**）」「投資目的」に照らして、不適当な勧誘をして（④**お客さま保護**）に欠けることのないようにしなければならないという（⑤**適合性**）の原則を定めている。　　　（テキスト p.93・94 参照）

6．個人年金保険は、将来の年金受取りと、（①**資産形成**）（運用）、（②**死亡保障**）の機能をあわせ持つ商品である。基本は、老後の（③**生活資金**）にそなえるもので、あらかじめ定められた年齢から年金を受け取ることができる。万一、年金の（④**受取開始日**）前に被保険者が亡くなった場合には、遺族に（⑤**死亡給付金**）が支払われる。

（テキスト p.104 参照）

7．資金不足などで支払いに応じられない手形や小切手は（①**不渡手形**）といい、持出銀行経由で支払呈示した受取人や持参人へ、原則的に、（②**逆交換**）という方法で返却する。資金不足などの理由で、（③**6 カ月**）間に 2 回以上の不渡りが出ると、電子交換所の（④**取引停止処分**）を受け、（⑤**2 年**）間は当座勘定取引と貸出取引をすることができない。　　　（テキスト p.125～127 参照）

8．相続財産となる預金の払戻しにあたって、まだ誰がどの財産を相続するか決まっていない場合、銀行は、権利者である相続人（①**全員**）に対して払戻しをする。また、相続人（①**全員**）で話し合って相続財産の分け方をまとめた（②**遺産分割協議書**）の

中で、銀行の口座（財産）の相続人が特定されている場合や、亡くなったお客さまが（③**遺言書**）を遺しており、相続人など関係者がそのとおりに相続したいという申し出があった場合には、特定された相続人や受遺者が（④**署名**）し、（⑤**実印**）を押した相続手続書類を（②**遺産分割協議書**）または（③**遺言書**）に添えて提出してもらう。

（テキスト p.139・140 参照）

問題2

（問　1）

①　正　確　　　②　迅　速　　　③　丁　寧　　　　（テキスト p.17 参照）

（問　2）

①　取引時確認

②　取引時確認にかかる事項、取引時確認のためにとった措置等に関する記録（確認記録）の作成、保存（取引終了後7年間保存）

③　お客さまの確認記録を検索するための事項、取引の期日・内容等に関する記録（取引記録等）の作成、保存（取引が行われた日から7年間保存）

④　疑わしい取引の届出

⑤　取引時確認等を的確に行う措置　　　　　　　　（テキスト p. 30 参照）

（問　3）

①　あらかじめ利用目的をできる限り特定し、その利用目的の達成に必要な範囲内でのみ個人情報を取り扱う。

②　個人情報は適正な方法で取得し、取得時に本人に対して利用目的の通知・公表等をする。

③　あらかじめ本人の同意を得なければ、第三者に個人データを提供してはならない。

※　個人情報の通知・公表方法は銀行によって異なるので、自行の方法を確認する。

（テキスト p.33・34 参照）

（問　4）

①　万が一の事故の可能性がないか、会話から察知できる。

②　資金使途がわかれば、お客さまに合った商品やサービスをご案内するチャンスをつかめる。

※　お客さまにとってもプライベートなことなので、回答を強要するのではなく、感じよく、さりげなく聞くのがポイント。答えてもらえない場合には、「ご存知のように振り込め詐欺などが多いので、皆さまにお聞きしております。ご協力いただけますでしょうか」などと、お客さまの取引の安全を確保するために尋ねていることを説明するなどして、協力を得るようにする。　　　　　　　　　　　　　　　　　　　　　　　　　（テキスト p.43 参照）

（問　5）

①　**一般の振込**：振込依頼人から依頼を受けた取組日当日に、振込通知を発信する。

②　**先日付振込**：振込指定日前に、あらかじめ振込通知を発信する。企業等の法人からたくさんの振込依頼を受ける場合等に、あらかじめデータをもらっておき、時間に余裕があるときに処理をしておく。　　　　（テキスト p.51 参照）

（問　6）

①　**利付債券**：定期的に利子が支払われる債券

②　**割引債券**：利子に相当する金額が額面から割り引かれて発行され、償還日に額面金額を受け取る債券　　　　　　　　　　　　　　（テキスト p.82 参照）

（問　7）

①　**単位型（スポット型）**：投資信託が立ち上がる期間（運用を開始する前に投資家から申込みを受ける当初募集期間）にのみ購入できるもの

②　**追加型（オープン型）**：原則的に、投資信託が運用されている期間中いつでも購入できるもの　　　　　　　　　　　　　　　（テキスト p.88 参照）

（問　8）

① **定 期 保 険**：保険期間は一定で、その間に死亡した場合のみ死亡保険金を受け取ることができる保険

② **養 老 保 険**：一定の保険期間内に死亡した場合は死亡保険金を、死亡せずに満期を迎えれば同額の満期保険金を受け取ることができる保険

③ **変 額 保 険**：株式や債券を中心に資産を運用し、運用の実績によって保険金や解約返戻金が増減する保険

④ **保険契約者**：生命保険会社と保険契約を結び、契約上のさまざまな権利と義務を持つ人（保険料を支払う人）

⑤ **被 保 険 者**：その人の生死・病気・ケガなどが保険の対象となっている人

（テキスト p.102〜105 参照）

（問　9）

① 申込人の資格審査

② 取引停止処分の有無照会

③ 営業、資金などの調査

④ 実地調査　　　　　　　　　　　　　　　　　　　（テキスト p.110 参照）

（問　10）

① **第一順位**：被相続人に子がいれば、子が相続人になる。子が先に亡くなっていて、孫がいる場合には、孫が子の相続権を受け継ぐ（代襲相続）。

② **第二順位**：被相続人に子がおらず直系尊属がいれば、直系尊属が相続人になる。つまり、父母がいれば、父母が相続人になる。父母が亡くなっていて、祖父母がいれば、祖父母が相続人になる。

③ **第三順位**：被相続人に子も直系尊属がおらず兄弟姉妹がいれば、兄弟姉妹が相続人になる。兄弟姉妹が亡くなっていて、甥や姪がいれば、甥や姪が兄弟姉妹の相続権を引き継ぎ代襲相続する。

（テキスト p.137 参照）

（問　1）

① 日数を数える（片端入れ：預入日算入・解約日不算入）

（6月）4日＋（7月）31日＋（8月）31日＋（9月）30日＋

（10月）31日＋（11月）30日＋（12月）26日＝183日　　　　　　183日

② 税込利息を求める

$$税込利息＝2,000,000円×0.03\%× \frac{183日}{365日}＝300円（円未満切捨て）\underline{300円}$$

③ 税金（国税：15.315%、地方税：5%）を求める

国　税：300円×15.315%　＝45円

地方税：300円×　5%　　＝15円

税合計：45円＋15円　　　＝60円　　　　　　　　　　　　　　　　　60円

④ 税引利息を求める

税引利息＝税込利息－税金＝300円－60円＝240円　　　　　　　240円

（テキスト p.69・70 参照）

（問　2）

① 円貨を外貨に転換し預入時の外貨額を算出する（小数点第3位以下切捨て）

1,000,000円÷145.00円（TTS）＝6,896.55ドル　　　　　6,896.55ドル

② 日数を数える（片端入れ：預入日算入・解約日不算入）

（6月）4日＋（7月）31日＋（8月）31日＋（9月）26日＝92日　　　92日

③ 税込利息を求める

$$税込利息＝6,896.55ドル×1\%× \frac{92日}{360日}＝17.62ドル \qquad \underline{17.62ドル}$$

④ 税金を求める

17.62ドル×15.315%＝2.69ドル

17.62ドル×5%　　　＝0.88ドル　　　　　　　　　　　　　　　3.57ドル

⑤ 税引利息を求める

税引利息＝税込利息－税金＝17.62ドル－3.57ドル＝14.05ドル　　14.05ドル

⑥ 外貨を円貨に転換し解約時の円貨額を算出する（小数点以下切捨て）

（6,896.55 ドル＋14.05 ドル）×150.00 円（TTB）＝1,036,590 円　　1,036,590 円

⑦　解約時の損益計算をする

1,036,590 円－1,000,000 円＝36,590 円　　　　　　　　36,590 円の利益

（テキスト p.84・85 参照）

問題4

（問　1）

債券の発行体による分類

		発行体	種　類
国内債	公共債	政　府	国　債
		政府関係機関	政府関係機関債（特殊債）
		都道府県 市町村	地方債
	民間債	金融機関	金融債
		事業会社	社　債
外国債（外債）		外国政府 国際機関など	外　債

（テキスト p.82 参照）

（問　2）

商品分類表

単位型・追加型	投資対象地域	投資対象資産 （収益の源泉）	独立区分	補足分類
単位型 （スポット型） 追加型 （オープン型）	国　内 海　外 内　外	株　式 債　券 不動産投信 その他資産 資産複合	MMF MRF ETF	インデックス型 特殊型

（テキスト p.90 参照）

Master : 解答解説

問題1　正解：3

1　未成年者との取引には、おこづかいなど自由に使うことを許された財産を処分する場合など一定の例外を除いて、法定代理人（通常は親などの親権者）の同意が必要である（独立して事業を営む場合は、その営業に関しては単独で取引することができる）。正しい。

2　株式会社などの法人の取引は代表権限のある人と行う。なお、通帳の表紙に会社名だけを印字するのか、代表権者の名前まで印字するのかは、銀行により異なるので自行のルールを確認する。正しい。

3　マンションの管理組合やPTA、同窓会のような法人格を有しない団体との取引は、原則として、団体名と代表者名と代表者の印鑑の届出により行う。誤っている記述であり、正解。　　　　　　　　　　　　　　　　　　　（テキスト p.11～13 参照）

問題2　正解：2

1　代理人とは、本人に代わって、代理権の範囲内で自らの判断により行動できる人のことをいう。銀行取引上は、「代理人届」を提出された人と考えられる。誤り。

2　代理人届を正式に届け出ていれば、取引者本人に代わって代理人の氏名と代理人の届出印で取引ができる。代理人は、本人に代わって取引ができるので、申し出時には注意して慎重に取り扱う。正しい記述であり、正解。

3　代理人届は、取引者本人が提出する。誤り。　　　　　　　（テキスト p.14 参照）

問題3　正解：2

1　銀行は、預かった金銭をそのまま保管しているのではなく、貸出用の資金などとして使用している。このように、預かったものを消費し、同じ物（同額の金銭）を返還すればよいという契約を消費寄託契約という。正しい。

2　これまで預金契約は、預金者と銀行との同意だけでなく、金銭の授受があってはじ

めて成立する要物契約とされてきたが、2020年4月1日に施行された民法(債権関係)
改正により、定期積金などと同様、金銭等の授受がなくても双方の合意があれば契約
が成立する諾成契約に改められた。誤っている記述であり、正解。

3　預金規定は、預金の預入れや払戻し、解約、利息などについて定めたもので、ホー
ムページなどに掲載して、お客さまがいつでも見ることができるようになっている。
正しい。　　　　　　　　　　　　　　　　　　　　　　　　　　(テキスト p.16・17 参照)

問題4　　**正解：3**

1　現金を取り扱うときは、現金その場限りが原則である。現金その場限りとは、万が
一の過不足があった場合、後からでは証拠をあげることが難しいため、現金の授受は
お客さまの面前で行うというものである。正しい。

2　現金は、2回数える（二算）。2回のうち1回はタテ読みを入れる（ヨコ読みでは、
1枚1枚のお札が見えないので、券種確認ができないため）。正しい。

3　損傷した紙幣を損券といい、損券のうち、欠損した紙幣を欠損紙幣という。欠損紙
幣の引換基準は、次のとおりである。

　　・券面積が5分の2以上3分の2未満残っているもの……券面金額の半額と引換え
　　・券面積が3分の2以上残っているもの……券面金額の全額として引換え
　　誤っている記述であり、正解。　　　　　　　　　　　　　　(テキスト p.17〜19 参照)

問題5　　**正解：1**

1　伝票は、原則的に、お客さま自身に記入していただく。お客さまが書いた伝票が記
録として保存されているからこそ、処理の正当性を説明できる。正しい記述であり、
正解。

2　代筆は、法律的には「準委任」とみなされ、窓口担当者は「善良な管理者の注意義
務」をもって事務を処理する必要があり、慎重な対応が必要である。ただし、原則と
して代筆は禁止であり、やむを得ず行う場合は、上司に確認をしてから行うようにす
る。誤り。

3　金額欄や氏名を書き損じてしまった場合には、訂正をするのではなく、伝票を書き
直してもらう。誤り。　　　　　　　　　　　　　　　　　　　　(テキスト p.19・20 参照)

1　総合口座の自動融資は、総合口座契約のある定期預金残高の90％まで（最高限度額は200万円、300万円など銀行により異なる）、利付国債の80％、割引国債の60％まで（最高限度額は200万円の銀行が一般的）利用することができる。正しい。

2　当座預金は、振り出した手形や小切手の支払資金を準備しておく、事業用に使用できる口座である。利息がつかない預金である。正しい。

3　納税準備預金は、納税資金を準備するための預金で、金利は普通預金より高めに設定されているのが一般的であり、利息は非課税である（ただし、納税以外の目的で払戻しをすると、その期間は普通預金利率を適用し、利息に対して課税される）。誤っている記述であり、正解。　　　　　　　　　　　　　　　　　（テキスト p.24 参照）

1　預金口座の開設、貸金庫・保護預りなどの取引の開始時には、取引時確認が必要である。正しい記述であり、正解。

2　法人の取引時確認は、登記事項証明書等の公的証明書により法人の取引時確認と代表者等（取引担当者）の本人特定事項の確認が必要となり、代理人取引の場合には、顧客の取引時確認とともに、取引担当者個人の確認が必要となる。誤り。

3　コピーを取ることは法律では義務づけられていない。取引時確認の際、本人確認書類の番号を記録する銀行ルールと、お客さまの了承を得てからコピーを取り、保存する銀行ルールがある。自行の方法を確認しておくようにする。誤り。

（テキスト p.30〜33 参照）

1　①口座開設、貸金庫、保護預りなどの取引開始時、②200万円を超える現金・持参人払式小切手などの受払いを伴う取引時、③10万円を超える現金振込時、10万円を超える現金を持参人払式小切手により受け取るとき、④融資取引をするときは、取引時確認が求められている。正しい。

2　10万円を超える現金による振込を受け付ける場合には、取引時確認を行う必要があるが、国や地方公共団体への各種税金・料金の納付、電気・ガス・水道料金の支払いや学校の入学金・授業料の支払いは除かれている。誤っている記述であり、正解。

3　取引時確認を行わなくてもよい取引であっても、マネー・ローンダリングまたはテロ資金供与その他犯罪に関与している疑いのある取引については、疑わしい取引の届出対象となる。正しい。　　　　　　　　　　　　　　（テキスト p.31 参照）

問題9　正解：1

1　日本国内のすべての金融機関は、FATCA に基づき、新規口座開設時にお客さまが米国の納税義務者等に該当するかどうかを確認する必要がある。FATCA とは、米国の税法である外国口座税務コンプライアンス法（Foreign Account Tax Compliance Act）の略称で、米国の納税義務者が、海外（米国以外）の金融機関の口座を利用して米国の税金を逃れることを防止するために制定されたものである。誤っている記述であり、正解。

2　金融機関では、OECD の「共通報告基準（CRS：Common Reporting Standard）」により、新規口座開設時にお客さまの居住地国を特定し税務署へ報告する必要がある。各国の税務当局は、自国に所在する金融機関等から非居住者が保有する金融口座情報の報告を受け、租税条約等の情報交換規定に基づき、その非居住者の居住地国の税務当局に対しその情報を提供している。正しい。

3　「反社会的勢力ではないことの表明・確約に関する同意書」に関する同意をいただけない場合は、取引をお断りさせていただくほか、すでに取引いただいている場合でも、預金者や契約のご本人等が暴力団等の反社会的勢力であることが判明するなどした場合には、解約等の対象となる。正しい。　　　　　　　（テキスト p.34・35 参照）

問題10　正解：3

1　出金処理の際、払戻伝票（出金伝票）には届出印の押印が必要であり、相当な注意をもって印鑑照合をする必要がある。正しい。

2　番号札は、法律的には免責証券の 1 つとされている。原則的に、面前処理以外は番号札を交付し、払戻伝票（出金伝票）に番号札の番号を記入し、支払いの際には番号札と払戻伝票（出金伝票）の番号の一致をチェックして、取引に来た方に相違ないか確認する。正しい。

3　取引時確認をすることが法律により義務づけられているのは、200 万円を超える出金取引である。法律により規定されているケース以外の本人確認については、銀行ご

とのルールによるので、自行のルールを確認しておくようにする。また、ケース・バイ・ケースの対応が求められる取引もあるので、疑問を感じたら、上司に報告することが大切である。誤っている記述であり、正解。　　　　　　（テキスト p.42〜44 参照）

問題11　正解：3

1　振替は、普通預金口座から定期預金口座に資金を移す場合など、同一銀行・同一支店内の同一名義預金口座間で資金を移し換える取引で、手数料は無料という銀行が一般的である。正しい。

2　先日付振込は、企業等の法人からたくさんの振込依頼を受ける場合などに、あらかじめデータをいただいておき、振込指定日前の時間に余裕があるときに振込通知を発信しておく。正しい。

3　振込処理を終えてから、お客さまから振込の取消しを依頼されたときは、「組戻し」の手続をとる。「取消し」は、お客さまからの依頼ではなく、仕向店の誤発信、二重発信などのミスによる場合に行う。誤っている記述であり、正解。

（テキスト p.50〜54 参照）

問題12　正解：1

1　銀行は、都道府県や市町村などの指定を受けて、市町村民税、固定資産税、自動車税、「国民健康保険料」などの公金の収納や支出事務を行っている。ただし、取扱いは地方公共団体ごとに異なるので、自行で指定を受けている先について確認が必要である。なお、国民年金保険料は、国が徴収する歳入金（国庫金）であり、日本銀行の委託により業務代行している市中金融機関の店舗が日本銀行代理店として受入れを行う。誤っている記述であり、正解。

2　公共料金も口座振替が可能である。公共料金の口座振替がセットされている口座は、銀行にとっても解約率の低い口座として、取引拡大を期待したい口座なので、お客さまに案内をしていく。正しい。

3　株式配当金の支払いは、会社が株主に対して送付した配当金領収証（支払委託をした銀行を指定してある）により、現金払い、口座入金などの方法で支払う。銀行では、お客さまから提示された配当金領収証と見本券を照合して支払う（届出印欄に押印された印影について印鑑照合は要しない）。期間が指定されているので、間違いのないよ

うに確認する。正しい。 （テキスト p.56・57 参照）

問題13 正解：2

1 代金取立の対象になる証券類は、約束手形、為替手形、小切手など、預金口座へただちに入金できない証券類である。正しい。

2 代金取立の仕組みは、たとえば手形の場合、次のとおりである。

 ① 手形の振出

 ② 取立依頼

  取立依頼人（手形の受取人）は、取引銀行（委託銀行）に取立を依頼する。代金取立にあたって、委託銀行は取立依頼人から所定の手数料を徴収する。

 ③ 取立委託

  依頼を受けた委託銀行は、手形券面のイメージデータ（証券イメージ）を電子交換所システムに登録することにより、受託銀行に取立委託をする。受託銀行は、電子交換所システムに登録された証券イメージおよび決済に必要なデータ（証券データ）を取得する。

 ④ 支払人の口座から引落し

  受託銀行は、支払人（手形の振出人）の口座から取立金額を引き落とす。

 ⑤ 資金の付替

  受託銀行は、委託銀行宛てに資金の付替をする。

 ⑥ 取立依頼人の口座に入金

  委託銀行は、取立依頼人の口座に入金処理する。

 誤っている記述であり、正解。

3 代金取立は、お客さまの確認が必要であり、取り立てた代金はお客さまの口座へ入金されることから、原則として、自店の取引先のお客さま以外からの代金取立は受け付けることができない。正しい。 （テキスト p.58・59 参照）

問題14 正解：1

1 両替票の住所、氏名、電話番号が記入されているか、伝票金額と持参金額は合っているか、お渡しする両替金と金種は合っているかを確認する。過払いミスがあった場合などに連絡が取れなくなっては困る。正しい記述であり、正解。

2　両替にいらっしゃるお客さまは、取引先とは限らない。誤り。

3　一定の条件に当てはまる両替の場合には、お客さまから両替手数料をいただく銀行が多くなっている。自行の手数料を確認するとともに、手数料をいただく場合には、事前にお客さまに説明をして了解いただくようにする。誤り。（テキスト p.60 参照）

問題15　正解：3

1　貸金庫取引は、金融機関がお客さまに金庫室のキャビネットを有償で貸与する付随業務である。正しい。

2　貸金庫は、お客さまから利用申込があったら、取引があるかどうかの確認をし、信用のあるお客さまにご利用いただく。正しい。

3　貸金庫取引は、利用の際ではなく、取引を開始するときに取引時確認が必要となる。お客さまから利用申込みがあったら、取引があるかどうかの確認をし、信用のあるお客さまにご利用いただく。誤っている記述であり、正解。　　　（テキスト p.61 参照）

問題16　正解：3

1　日常の生活費や万一の病気や事故などにそなえるための流動性資金（つかうお金）は、元本保証がされており、必要時の換金性に優れている普通預金や貯蓄預金などの商品が適しているが、国債など換金性に乏しい商品は適さない。誤り。

2　安全性資金（置いておくお金）とは、3〜5 年くらいの短中期的に使う予定のある資金をいう。まだつかうまでには数年あるので、安全確実に置いておき、そのなかである程度の収益が確保できるように有効活用する。換金性には乏しいものの元本が保証され安定的な収益を期待できる定期預金や個人向け国債などの商品、元本保証はないものの元本割れリスクが極力抑えられ安定的な収益を期待できる MMF や公社債投信などの公社債投資信託が適している。誤り。

3　収益性資金（ふやすお金、将来にそなえるお金）とは、資金使途が決まっていない、もしくは、長期的な目的のための資金で、将来の資金使途に向けてふやすことをめざす資金をいう。元本割れや値下がりといったリスクはあるものの収益を狙う商品である外貨預金、株式投資信託などが適している。正しい記述であり、正解。

（テキスト p.64〜66 参照）

問題17 正解：2

1 若いうちは、一般的に収入は少ないが、自由につかえるお金の割合は高い時期である。これをすべて使い切ってしまうのではなく、たとえば、結婚や住宅購入など、将来にそなえた資産を形成することが大切である。若いうちから資産運用を始めれば、時間を味方につけ、中長期的な運用も可能となり、ある程度リスクがあっても積極的に値上がり益を狙う投資信託を選択することも可能である。万が一運用がうまくいかなくても、若いうちならば後から取り返せる可能性が大きいので、ある程度、思い切った投資もできる。誤り。

2 中堅世代は、働き盛りの時代で、たとえば、子どもの出産や教育、住宅ローンの返済など支出も多い時期である。資産運用にあたっては、毎月の支出に追われがちだと考えられるが、子供の将来や自身の老後のための準備を忘れず、資産を効率的にふやす工夫が大切である。無理のない範囲で、安全性を重視して中長期的に着実にふやしていける投資信託を組み合わせたり、積立タイプの運用商品などが候補になる。正しい記述であり、正解。

3 退職世代は、年金と貯蓄で、よりゆとりあるセカンドライフを送るために、資産を安全に管理していく工夫が大切である。誤り。 （テキスト p.67・68 参照）

問題18 正解：1

1 マル優で非課税の対象となる貯蓄は、預貯金、合同運用信託、特定公募公社債等運用投資信託および一定の有価証券である。非課税となるのは、貯蓄の元本の合計額が350万円までの利子である。正しい記述であり、正解。

2 マル優を利用できるのは、身体障害者手帳の交付を受けている人や遺族年金を受給しているなど一定の条件を満たした人である。誤り。

3 マル優を利用するためには、最初の預入等をする日までに非課税貯蓄申告書を金融機関の営業所等を経由して税務署長に提出し、その後の預入等の際も、その都度、非課税貯蓄申込書を金融機関の営業所等に提出する必要がある。誤り。

（テキスト p.71 参照）

問題19　正解：2

1　預金保険制度において、全額保護の対象となるのは、当座預金や利息のつかない普通預金などの決済用預金である。正しい。

2　預金保険制度においては、合算して元本 1,000 万円までとその利息などが保護の対象となる。誤っている記述であり、正解。

3　預金保険制度において、外貨預金、譲渡性預金、金融債（募集債および保護預り契約が終了したもの）などは、保護対象外である。正しい。　　（テキスト p.72・73 参照）

問題20　正解：3

1　為替相場の変動によって、金融商品の価値が変動する可能性は「為替リスク」である。価格変動リスクは、社会や経済の状況や企業の業績等によって金融商品の価格が変動する可能性をいう。誤っている。

2　社会や経済の状況や企業の業績等によって金融商品の価格が変動する可能性は「価格変動リスク」である。信用リスクは、金融商品を提供している金融機関や債券や株式を発行している企業の倒産などによって損をする可能性をいう。誤っている。

3　カントリーリスクは、その国の社会や経済の不安定化により、金融商品の価格が変動する可能性をいう。正しい記述であり、正解。　　　　　（テキスト p.78 参照）

問題21　正解：2

1　積立型定期預金は、一定の期間を定めて、その期間に毎月一定の金額を預け入れ、満期日に積み立てた元金とそれに対する利息を受け取れる仕組みの定期預金である。期間を定めずに将来にそなえてまとまった資金を貯めていただく自由型と、あらかじめ使い道や使う日が決まっている場合に、その目標に合わせて貯めていただく目標型など、銀行によっていくつかのタイプを用意している。正しい。

2　定期積金は、毎月一定額を掛け込む定額型と、最初に貯めたい目標額を決めてそれを期間で割って毎月の掛け込み額を決める目標型など、銀行によっていくつかのタイプを設定してある積金である。預金ではないので利息はつかないが、預金の利息に相当する給付補てん金がつく。誤っている記述であり、正解。

3　財形預金は、勤務先を通して申込みをし、給与からの自動天引で預け入れる。貯めた資金を自由な目的でつかえる一般財形預金、将来年金として受け取る財形年金預金、

住宅を買ったり増改築のためにつかう財形住宅預金がある。財形年金預金と財形住宅預金は、合わせて 550 万円まで利息に税金がかからない勤労者のための預金である。正しい。 (テキスト p.80・81 参照)

問題22 正解：2

1 債券は、国、地方公共団体、企業、または外国の政府や企業などが一時的に、広く一般の投資家からまとまった資金を調達することを目的として発行する有価証券で、資金調達するために発行するという点では株式と目的は同じであるが、債券では、あらかじめ利率や満期日などが決められて発行される点が株式とは異なる。利子がつく利付債券を購入すると定期的に利率分の利子を受け取り、満期日を迎えると額面金額である償還金を受け取ることができる。誤り。

2 割引債券は、利子に相当する金額が額面から割り引かれて発行される債券である。正しい記述であり、正解。

3 個人向け国債には、満期まで金利が変わらない固定金利タイプのものと、半年ごとに金利を見直す変動金利タイプがあり、どちらも個人のお客さまのみが購入できる国債で、購入単位は 1 万円以上、1 万円単位である。誤り。 (テキスト p.81・82 参照)

問題23 正解：3

1 お客さまが、円貨を外貨に替えるときの為替レートを TTS（対顧客電信売相場）という。誤り

2 お客さまが、外貨を円貨に替えるときの為替レートを TTB（対顧客電信買相場）という。誤り。

3 外貨預金は、為替相場の動きによって、日本円で考えた場合の残高が増えたり減ったりするリスクがあり、為替相場の動きが円安になることを期待して運用する商品である。今後 3〜5 年くらいはつかう予定がなく、為替が円高に動いてしまった際には、外貨から円貨に戻さず、外貨のまま外貨定期預金や外貨普通預金などに置いておき、円安になるタイミングを待てる資金で運用するのに適している。正しい記述であり、正解。 (テキスト p.84・85 参照)

問題24 正解：3

1　投資信託は、どんな債券を買ったらよいのか、どの会社の株式がこれから値上がりするのか、自分ではよくわからない人や、自分で研究する時間のないお客さまでも、運用をプロに任せることができる。正しい。

2　投資信託では、1つの株式や債券などで運用するのではなく、複数の株式や債券などで運用することで、値下がりする投資対象があっても、別の投資対象は値上がりをするなど、値動きの異なる投資対象で運用することでリスクを分散することができる。正しい。

3　J-REIT は、主たる投資収益が不動産投資信託および不動産投資法人を源泉とするものである。日経平均株価や TOPIX（東証株価指数）など、特定の指数の動きに連動する運用を行う、証券取引所に上場する投資信託は、ETF（上場投資信託）である。誤っている記述であり、正解。　　　　　　　　　　　　　（テキスト p.85～88 参照）

問題25 正解：2

1　預金は銀行法、保険は保険業法や保険法で規制されているので、金融商品取引法の直接の規制対象ではない。しかし、銀行法や保険業法・保険法において、投資性の強い預金・保険など（外貨預金や外貨建保険・年金、変額保険・年金など）の販売・勧誘業務については、基本的に金融商品取引法と同等の利用者保護規則（販売・勧誘ルール）が適用されている。正しい。

2　将来の不確実な事項について、断定的判断を提供して勧誘することは禁止されている。誤っている記述であり、正解。

3　金融商品の販売にあたっては、必ず契約内容（重要事項等）を記載した書面をお客さまに交付して説明する。口頭の説明だけで販売してはならない。正しい。

（テキスト p.93・94 参照）

問題26 正解：1

1　融資取引は金融機関がリスクを負う商品であるため、内国為替取引は送金が依頼どおりに行われる限り元本欠損を生ずるおそれがないため、外国為替取引でも両替それ自体には元本欠損を生ずるおそれがないため、金融サービス提供法の対象外となる。誤っている記述であり、正解。

2　金融サービス提供法では、お客さまの知識、経験、財産の状況、契約の目的に照らして、お客さまが理解するために必要な方法・程度に応じた重要事項の説明をしなければ、金融商品を販売してはならないとされている。正しい。

3　金融サービス提供法では、重要事項の説明違反や断定的判断を提供したことによって、お客さまが損害を被った場合には、金融機関（金融商品販売業者等）に損害賠償責任が発生し、その額は損害額（元本欠損額）と推定されるとされている。正しい。

(テキスト p.94 参照)

問題27　正解：1

1　消費者契約法は、事業者と消費者が結ぶすべての契約を対象とし、その規制対象には金融商品の販売も含まれる。正しい記述であり、正解。

2　消費者契約法では、事業者に一定の不当勧誘や困惑させる行為があったときは、消費者に契約の取消しを認めている。契約が無効になるわけではない。誤り。

3　契約を取り消す権利の行使期間について、民法は「追認をすることができる時から5年」、「行為の時から20年」と定めているが、消費者契約法では、a）追認できる時（消費者が誤認をしたことに気づいた時や困惑を脱した時等、取消しの原因となった状況が消滅した時）から1年、または、b）契約締結時から5年という期間制限がある。誤り。

(テキスト p.95 参照)

問題28　正解：2

1　預金者保護法は、偽造・盗難カードによる不正払出し等から「個人」を保護する法律であり、「法人」は補てんの対象外である。誤り。

2　被害を受けた預金者に過失がなければ、金融機関が原則として被害を全額補償し、被害者の過失の立証責任も金融機関にあるとされている。正しい記述であり、正解。

3　暗証番号をキャッシュカード上に書き記していた場合や、他人に暗証番号を知らせたりキャッシュカードを渡したような場合は、本人に重大な過失があったとして損害は補償されない。誤り。

(テキスト p.98・99 参照)

1　終身保険は、定期保険と同様に死亡した場合にのみ、死亡保険金を受け取ることができる保険である。保険期間は定期保険と異なり一定ではなく、一生涯死亡保障が続くが、満期保険金はない。誤っている記述であり、正解。

2　特定疾病保障保険は、特定疾病（がん、急性心筋梗塞、脳卒中）により一定の状態になったときに、死亡保険金と同額の保険金を受け取ることができる。正しい。

3　介護保険は、寝たきりや認知症によって介護が必要な状態となり、その状態が一定の期間継続したときに一時金や年金を受け取るタイプと、公的介護保険の要介護認定に連動して一時金・年金を受け取るタイプがある。正しい。

(テキスト p.102〜104 参照)

1　保険契約者とは、生命保険会社と保険契約を結び、契約上のさまざまな権利と義務を持つ人である。簡単にいうと、保険料を支払う者である。誤り。

2　被保険者とは、その人の生死・病気・ケガなどが保険の対象となっている者である。被保険者が死亡したり、病気などになることに対して、保険を掛けていることになる。誤り。

3　保険金とは、被保険者が死亡・高度障害状態のとき、または満期まで生存したときに生命保険会社から受取人に支払われるお金である。なお、通常、保険金が支払われると保険契約は消滅する。正しい記述であり、正解。　　　　(テキスト p.105 参照)

1　銀行での保険の販売にあたっては、優越的地位や影響力を行使してお客さまに損害を与えることや、公平な競争を害することを防ぎ、また預金・為替・融資等の取引で得た情報を不当に保険販売に利用することを防ぐために弊害防止措置が設けられている。正しい。

2　住宅ローン関連での保険加入に際しては、他の銀行取引等に影響がないこと（保険への加入がローン実行の条件ではないこと）について、書面を使って説明しなければならない。誤っている記述であり、正解。

3　保険募集を行う際には、保険契約者・被保険者が保険契約の締結または加入の適否

を判断するのに必要な情報の提供を行うことが求められる。保険募集の基本的ルールである情報提供義務である。正しい。 （テキストp.106・107参照）

問題32 正解：2

1 当座勘定取引は、誰でもできる取引ではない。万が一、手形による支払いの資金が用意できていないと、そのお客さまの信用がなくなるだけでなく、取引銀行の信用にも傷がつく。そのため、銀行では信用調査を行い、当座勘定取引をしてもらうのに心配のないお客さまかどうか審査をしてから取引を行う。誤り。

2 当座勘定取引契約は、当座預金契約（金銭消費寄託契約）と支払委託契約から構成されている。正しい記述であり、正解。

3 通常、預金の解約はお客さまの意思により行われる（任意解約）が、当座預金に関しては、「資金不足が頻繁にある」、「電子交換所の取引停止処分を受けた」などの場合には、銀行は当座勘定取引契約を解約することができる。誤り。

（テキストp.110・111参照）

問題33 正解：1

1 手形を受け取った人は、満期を待たないで手形を銀行に買い取ってもらい（手形割引）現金を入手することができる。正しい記述であり、正解。

2 手形貸付は、借用証書の代わりに、銀行を受取人、貸付金額を手形金額、弁済期日を満期日とする約束手形を借主に振り出させて貸付をすることをいう。誤り。

3 約束手形が支払いを約束するものであるのに対して、為替手形は支払いを委託するものである。このことは、約束手形には「お支払いいたします」と書いてあるのに対して、為替手形には「お支払いください」と書いてあることからもわかる。誤り。

（テキストp.111～112参照）

問題34 正解：3

1 小切手法・手形法では、小切手用紙・手形用紙には、どんな用紙を使用してもよいことになっている。しかし、不統一の用紙では、信用取引が混乱する状況がみられるようになったため、金融機関の申し合わせで統一手形用紙制度を採用することになり、統一用紙を使用しない手形・小切手については、支払いをしないこととした。誤り。

2 手形や小切手には、これを記載しなければならないと手形・小切手法で定められた項目があり、これを必要的記載事項、もしくは手形・小切手要件という。誤り。

3 為替手形の必要的記載事項である「支払人の名称」には、為替手形の支払いをする者、つまり、振出人が為替手形の支払いを委託する者が支払人として記載される。正しい記述であり、正解。 （テキストp.115〜117参照）

問題35 正解：2

1 特定線引小切手は、平行線の中に「特定の金融機関名（および支店名）」を記載した小切手であり、支払銀行は、指定された金融機関に対してだけ支払いができ、指定された金融機関が自行の時は、自行の取引先に対してだけ支払いが可能である。線引を抹消しても、抹消がないものとみなされる。正しい。

2 一般線引小切手を特定線引小切手に変更することはできるが、一度書かれた平行線内の金融機関名は消すことはできないので、特定線引小切手を一般線引小切手に変更することはできない。誤っている記述であり、正解。

3 線引小切手は、線引を抹消することができないので、持参人は自分が取引する銀行に依頼して、代わりに支払呈示をしてもらうことになる。そうなると、当該小切手が現金化されるまでには数日かかることになる。しかし、持参人の事情により、資金化を急ぐ場合がある。そこで、支払銀行の取引先でなくても、線引小切手の持参人が支払いを受けられるようにと考えられたものが、裏判である。一度引かれた線引は抹消できないので、振出人と金融機関との間で線引の効力を排除する特約を締結し、振出人が線引小切手の裏面に金融機関届出印を押したものは、取引先でなくても支払うことができるようにした。このことは、当座勘定規定に明記されている。正しい。

（テキストp.118〜120参照）

問題36 正解：3

1 支払呈示の前に受け取った手形や小切手を、そのまま自分の支払いにつかうことも可能である。たとえば、A社から小切手で支払いを受けたB社が、その小切手をつかってC社に支払いをした場合、小切手の持主は、B社からC社に変わる。これを手形や小切手の譲渡という。正しい。

2 記名式または指図式小切手は、裏書により譲渡することができる。小切手には持参

人払いのものが多いが、支払委託文句の「持参人」の文字を消して、小切手の裏面に
受取人の氏名を明記した記名式小切手がある。正しい。

3 小切手や手形の裏書譲渡では、空欄、持参人という記載で被裏書人を特定していな
い場合もあるが、裏書が形式的に連続していれば、裏書譲渡は有効となる。誤ってい
る記述であり、正解。 （テキスト p.122・123 参照）

問題 37 　正解：1

1 手形や小切手は毎日たくさんのものが扱われるので、お客さまに変わって支払呈示
をする場合などには、直接銀行同士でやりとりをするのではなく、電子交換所を通じ
て行う。誤っている記述であり、正解。

2 支払いのための呈示は、小切手は振出日から 10 日目まで(振出日を含めて 11 日間。
最終日が銀行の休業日にあたった場合には、翌営業日まで延長される)、手形は支払期
日の翌々日まで（支払期日を含めて 3 日間。この 3 日間のうちに銀行の休業日があっ
た場合には、その日数だけ延長される）のうちに行わなければならない。正しい。

3 電子交換所に持ち出した手形と持ち帰った手形の差額（交換尻）は、日本銀行当座
勘定において毎営業日の午後 3 時に決済される。正しい。

（テキスト p.123～125 参照）

問題 38 　正解：1

1 手形・小切手が支払銀行に呈示されたが、振出人と取引がない（取引なし）は、第
1 号不渡事由である。正しい記述であり、正解。

2 呈示された手形・小切手が詐取や盗難にあったもののために支払わないケースは、
第 2 号不渡事由である。誤っている。

3 手形の呈示期間を経過しているケースは、0 号不渡事由である。誤っている。

（テキスト p.126 参照）

問題 39 　正解：2

1 名義変更や住所変更は、届出の印章と通帳等によって本人であることを確認してか
ら、コンピュータ上のお客さまの属性を変更し、印鑑票等に名義変更や住所変更の記
録を行う。正しい。

2　キャッシュカードの喪失届は第三者にキャッシュカードを悪用されないように迅速に事故届を入力してから、状況などを伺う。誤っている記述であり、正解。

3　一般的には、発見届とともに、みつかったものと本人確認書類を持参してもらうが、自行の取扱いを確認する必要がある。正しい。　　　（テキスト p.131～136 参照）

問題40　正解：3

1　お客さまが亡くなると、亡くなった被相続人の名前や届出印では取引ができない。相続人が被相続人の財産についての権利と義務を引き継ぐため、銀行は一度被相続人の預金等の取引を止め、正当な相続人が相続手続を済ませるまで、被相続人の預金等をお預かりする。正しい。

2　被相続人の預金の残高証明書の発行依頼の受付にあたっては、亡くなったとはいえ、大切なお客さま情報なので誰にでも教えてよいわけではない。相続財産の権利者である相続人からの申し出の場合に応じる。正しい。

3　2018年7月に民法が改正されて、2019年7月1日から、相続預金の払戻しをすることができるようになった。各相続人は、相続預金のうち相続開始時の預金額の3分の1に払戻しをする相続人の法定相続分を乗じた額（銀行ごとに150万円を限度とする）については、単独で払戻しができるようになった。誤っている記述であり、正解。

（テキスト p.136～139 参照）